Simone Heintze & Julia Fiedler
Ein Himmel voller Sonnenstrahlen

Über die Autorinnen

Simone Heintze erkrankte als Jugendliche zweimal an Morbus Hodgkin und als erwachsene Frau zweimal an Brustkrebs. Sie ist von Beruf Bankkauffrau und mittlerweile aufgrund der Erkrankungen Rentnerin. Ehrenamtlich engagiert sie sich als Versichertenälteste für die *Deutsche Rentenversicherung Westfalen* und in ihrer Kirchengemeinde als Prädikantin. Sie lebt im Ruhrgebiet mit ihren drei erwachsenen Kindern.

Julia Fiedler, Jahrgang 1975, lebt mit ihrem Mann und den jüngeren ihrer vier Söhne am Ruhrgebietsrand. Nach ihrem Studium der Theaterwissenschaften, Germanistik und Wirtschaftswissenschaften an der Ruhr-Uni Bochum arbeitet sie als Redakteurin und freie Autorin. Menschen und ihre Geschichten mit Gott sind für sie das spannendste Thema überhaupt.

Simone Heintze & Julia Fiedler (Hg.)

Ein Himmel voller Sonnenstrahlen

Menschen erzählen,
wie Gott sie nicht vergessen hat

GerthMedien

Inhalt

Ein Gebet für
jede Lebenslage

Die Worte, die ich zu euch geredet habe,
die sind Geist und sind Leben.
Johannes 6,63

Gottes Worte sind geistreich und lebendig und dabei stark genug, um selbst Berge und Sterne zu verrücken. Und weil das so ist, können sie auch mich kleines Menschenkind zurechtrücken. Ich mochte schon immer schöne Worte, solche, die nachklingen, in mir etwas zum Schwingen bringen. Und ich freue mich, dass Worte wie diese mir immer wieder neu zusprechen, was ich mit Gottes Geist und Kraft sein kann: mitfühlend, trotzkräftig, lebensmutig, feinsinnig, umsichtig, friedfertig, liebevoll, wunderbar, hoffnungsfroh …

Julia Fiedler

Zwei Autorinnen,
zwei Vorworte

Mittelgut

„Gott, ich danke dir für jedes Gelb im Grau! Amen."

Dieses Morgengebet hat evangelisch.de am 3. Februar 2023 auf Instagram gebracht. An einem sehr grauen Morgen, nach einem bereits sehr grauen Januar und zwei Tagen sehr, sehr grauem Februar. Schon seit Tagen nagte es an mir, dass ich mich doch endlich mal hinsetzen müsste, um ein paar Zeilen für dieses Buch zu schreiben. „Ein Himmel voller Sonnenstrahlen" – genauso hatten Simone und ich es uns vorgestellt. Gelbe Farbtupfer im Grau. Ein Fleckchen Wärme und Licht im Nieselregen.

Dies ist nämlich kein Buch für strahlenden Sonnenschein, aber eben auch keines, das nur von Finsternis spricht. Dies ist ein Buch für so mittelgute Tage. Denn wenn wir ehrlich sind, gehören doch die meisten unserer Tage in die Kategorie „so mittelgut". So wie Alltag eben ist – mit seinen Zwängen, Pflichten und Mühseligkeiten, oft zu wenig Schlaf und manchmal eben auch noch grauem Himmel.

Das Gute an mittelguten Tagen ist aber, dass an ihnen ein einzelner Sonnenstrahl, der sich durch den wolkenverhangenen Himmel kämpft, sofort auffällt. Keine sengende Sonne, die kaum auszuhalten ist, kein grell in den Augen blendender Schein, aber eben auch keine ewige Finsternis. Ein sanftes Leuchten, das wie ein Gruß vom Himmel Licht und Wärme auf unser Gesicht scheinen lässt.

Dies ist kein Buch darüber, wie man in dieser Welt sorglos glücklich wird und über alle Verzweiflung erhaben ist. Wir haben weder das richtige Mindset für dich noch eine Toolbox mit tollen Bauanleitungen für das perfekte Selfmade-Glück. Wir haben Geschichten von Menschen wie dir, denen ein kleiner Sonnenstrahl ein Lächeln ins Gesicht gezaubert hat. Menschen, die sich von einem Wort, einer Geste, einer Begegnung, einem Retter zur rechten Zeit, einem Kater, der plötzlich vor der Tür stand, behütet, geborgen, wunderbar gelenkt, liebevoll bedacht, beschenkt und gesehen gefühlt haben.

Dies ist ein Buch über Made-my-day-Momente. Über eine frische Windbö, die das Ruder herumreißt und einen bis dahin wenig gelungenen Tag in der Summe dann doch zu einem mindestens mittelguten macht.

Und wir erzählen von Menschen aus der Bibel, die uns inspiriert haben, weil aus ihrem nur mittelguten Leben so viel leuchtet und strahlt.

Julia Fiedler

Julia Fiedler, Jahrgang 1975, lebt mit ihrem Mann und den jüngeren ihrer vier Söhne am Ruhrgebietsrand. Nach ihrem Studium der Theaterwissenschaften, Germanistik und Wirtschaftswissenschaften an der Ruhr-Uni Bochum arbeitet sie als Redakteurin und freie Autorin. Menschen und ihre Geschichten mit Gott sind für sie das spannendste Thema überhaupt.

Wolkensonnenstrahlen

Der Tag am Meer geht dem Ende zu. Ich sitze am Strand und schaue in den wolkenverhangenen Himmel. Das Meer rauscht, die Möwen kreischen, der Blick geht weit bis zum Horizont. Trotzdem fehlt hier etwas. Etwas ganz Entscheidendes! Plötzlich kommt Wind auf, die Wolken bewegen sich und dann blitzt sie hindurch: die Sonne! Und da ist er dann, mein absoluter WOW-Moment.

Es ist dieser „kurz bevor die Sonne ins Meer fällt"-Moment, der mich so unendlich glücklich macht. Dieser rote Ball, der nun am Horizont auftaucht, der in satten Tönen alles überstrahlt und zum Leuchten bringt. Das Meer leuchtet, mein Herz leuchtet, meine Seele leuchtet. Innerhalb von Sekunden hat sich der dunkle Himmel in einen Farbenrausch der Freude verwandelt.

Das ist mein Sinnbild für Hoffnung. Eine Hoffnung, die sich so immer wieder ihren Weg bahnt. Leider wirkt das Wort „Hoffnung" für viele abgenutzt und wird oft ins Lächerliche gezogen. Doch mich hat dieses Wort noch nie enttäuscht. Obwohl meine Hoffnungspositivität wahrlich schon oft auf die Probe gestellt wurde. Vielleicht kannst du mich besser verstehen, wenn du meine kleine Vorstellung am Ende dieses Vorworts gelesen hast.

Ja, ich bin ein lebensfroher Mensch und versuche jeder Situation, sei sie noch so schlimm, etwas Gutes abzugewinnen. Doch manchmal komme auch ich an meine Grenzen. Dann ist es gut, liebe Menschen an meiner Seite zu wissen und ganz besonders Worte Gottes bei mir zu haben. Ein Text, ein kurzes Bibelwort, das ist dann etwas, an dem ich mich festhalten kann. Diese Worte sind wie Sonnenstrahlen, die mir das Herz wärmen, mir Mut schenken, mich in Gott verankert sein lassen.

Tatsächlich hat es mir schon viele Male sehr geholfen, einige Texte aus der Bibel auswendig zu können. Verse, Psalmen oder Gebete, die dann, wenn mir die eigenen Worte fehlen, da sind und mir wieder einen Zugang zu Gott schaffen.

Dazu möchte ich dich ermutigen, dir solche Texte schon jetzt für die dunklen Tage bereitzuhalten. Das sind Lichtstrahlen, die so viel Hoffnung geben. Strahlen, die in die Seele leuchten. Der Psalm 91 ist so ein Hoffnungsträger für mich. Er kann den mittelguten Tag zu einem ganz besonderen Tag machen. Vielleicht ist er von nun an einer der Hoffnungstexte, der dich begleiten darf. Oder es wird eine unserer Hoffnungsgeschichten. Viel Freude beim Lesen und Hoffnungsstrahlensammeln.

Simone Heintze

Simone Heintze erkrankte als Jugendliche (mit 13 und 16 Jahren) zweimal an Morbus Hodgkin und als erwachsene Frau (mit 39 und 43 Jahren) zweimal an Brustkrebs. Sie ist von Beruf Bankkauffrau und mittlerweile aufgrund der Erkrankungen Rentnerin. Sie lebt im Ruhrgebiet, wo auch ihre drei erwachsenen Kinder zu Hause sind. Leidenschaftlich gerne ist sie in Kirchen, Kliniken oder bei Frauentreffen unterwegs, um von Gottes großen Wundern zu erzählen. Auf Instagram ist sie unter: simoneaufgeben.nie zu finden oder auf ihrer Internetseite: simoneheintze.de.

Ich brauche sie
doch selbst

Wir fragen Pater Sandesh Manuel, den indischen Franziskaner aus Wien, den singenden und Gitarre spielenden YouTube-Priester, ob er nach „Ein Himmel voller Segen" und „Ein Himmel voller Freiheit" auch zu diesem Buch eine Geschichte beisteuern mag. Hoffnung sei das Thema.

„Natürlich", antwortet er. „Ich bin immer dabei, wenn es um Hoffnung geht. Ich brauche sie doch selbst."

Wenn jemand mich fragt, wie es mir geht, dann sage ich: „Willst du die ehrliche Antwort hören?"

Manche lächeln dann und drehen sich schnell um. Andere aber antworten: „Doch, ich will es wirklich wissen."

Denen sage ich dann: „Weißt du, unser Leben ist immer ein Auf und Ab und wir dürfen von den Aufs und Abs erzählen. Aber dass unser Leben eine Achterbahn ist, das ist gar nicht der Punkt. Entscheidend ist, dass wir weitermachen. Und genau das geht nur, wenn wir Hoffnung haben.

Es ist wichtig und ändert so viel, wenn wir uns immer wieder selbst zusprechen können, dass im Leben nichts unmöglich ist. Denn so oft wir hinfallen, so oft können wir auch wieder aufstehen. Die Energie dazu haben wir aber nur, wenn wir Hoffnung haben. Ohne Hoffnung ist das viel schwerer."

Wenn jemand zu mir in die Beichte kommt, sage ich immer: „Du brauchst die Hoffnung, dich und die Dinge zum Besseren verändern zu können."

Wir müssen alle jeden Tag aufs Neue versuchen – und das Verb „versuchen" ist hier wirklich von Bedeutung –, eine bessere Person zu werden. An manchem Tag gelingt uns das besser, an manchem schlechter.

Wenn jemand zu mir in die Beichte kommt, dann bitte ich ihn oder sie mir zu erzählen, wie lange die letzte Beichte zurückliegt und was sich seitdem verändert hat. Und wenn mir diese Person dann antwortet: „Nichts", und mir exakt dasselbe erzählt wie schon die Male zuvor, dann ist das absolut kein Problem, aber ich frage dann, so wie ich mich selbst auch regelmäßig frage: „Hast du es versucht?"

Ich glaube, Gott ist schon glücklich, wenn wir es einfach versuchen. Wir müssen es mit der Hoffnung auf das Mögliche versuchen. In der Gewissheit, dass Dinge sich nur verändern, wenn wir es versuchen. Again and again. Gott verurteilt uns niemals für unser Scheitern. Er liebt jeden unserer Versuche, uns aufzurappeln.

Ich bin jetzt seit ungefähr zehn Jahren in Wien. 2009 habe ich meinen Dienst als katholischer Priester in

Bangalore, der Hauptstadt der südindischen Provinz Karnataka, einer Megacity mit mehr als elf Millionen Einwohnern, begonnen. Ich war Kaplan in einer der größten Gemeinden der Provinz. Wir hatten zwischen zehn und elf Messen am Sonntag und jede Messe wurde von ungefähr 2.000 Menschen besucht.

Ich war ein bisschen berühmt als der Pfarrer mit der Gitarre, als derjenige, bei dem die Gottesdienste ein wenig anders waren, lebendiger. Ich habe versucht, die Menschen mitzunehmen. Die biblischen Geschichten für sie greifbarer zu machen, eine Brücke zu schlagen zu ihrem Leben. Das hat dazu geführt, dass ich für sehr viele Gottesdienste angefragt wurde. In den drei Jahren, in denen ich dort war, habe ich über 350 Taufen, bestimmt 200 Hochzeiten – viele meiner Cousins und Cousinen baten mich damals, sie zu trauen – und um die 300 Beerdigungen abgehalten.

Ich habe die Arbeit dort mit sehr viel Freude gemacht, aber nach dreieinhalb Jahren bekam ich plötzlich einen Tinnitus. Mein Körper war müde. Ich hatte diesen Begriff noch nie gehört, doch diese ständigen Geräusche in meinem Ohr, die immer mehr wurden, je mehr ich darüber nachdachte, fand ich beängstigend. Zu diesem Zeitpunkt kam der Provinzial der Franziskaner in Österreich nach Indien und lud mich ein, nach Österreich zu kommen, um dort Musik zu studieren. Mein erster Impuls war Nein zu sagen. Nein, nicht noch mehr! Ich fühlte mich schon erledigt genug.

Aber dann sagte ich zu mir selbst: Du musst etwas versuchen. Wenn ich drauf hoffen wollte, dass der Tinnitus irgendwann verschwindet, musste ich etwas wagen. Also wagte ich den Sprung ins Ungewisse, a plunge into the dark.

Ich wusste nicht einmal, wo Österreich auf der Landkarte liegt. Und ich sprach nicht ein einziges Wort Deutsch. Aber es half mir so sehr, dass ich dort in eine neue Umgebung mit ganz anderen Rahmenbedingungen kam. Es reduzierte meinen Stress, dass ich an einen etwas ruhigeren Ort kam, eine neue Sprache lernen durfte, mich der Musik widmen konnte. Der Tinnitus verschwand.

Hoffnung und Optimismus gehen immer Hand in Hand, so wie Bruder und Schwester. Du kannst nur Hoffnung haben, wenn du auch optimistisch bist. Wenn ich pessimistisch auf die Welt und mein Leben schaue und denke, es wird eh nichts werden, kann ich keine Hoffnung haben.

Ich hatte mal eine sehr lebhafte Diskussion mit einem Mitbruder, in der es um Frieden ging. Er war der Ansicht, dass Frieden in der Welt unmöglich ist.

Ich antwortete ihm: „Wie kann es dann sein, dass Jesus von sich gesagt hat: ‚Ich bin der Friedefürst‘?"

Und Franz von Assisi, der Gründer des Franziskanerordens, betete: „Herr, mach mich zum Werkzeug deines Friedens."

Während der Kreuzzüge reiste er in den Orient, um zwischen den Christen und Moslems zu vermitteln und einen friedlichen Dialog anzustoßen. Dabei kam es sogar zu einer Begegnung mit dem Sultan, denn Franz und seine Brüder reisten unbewaffnet.

Franz von Assisi war ein Friedensstifter und er hat uns

hinterlassen, es ihm nachzumachen. Aber mein Mitbruder blieb dabei, nein, wir seien menschliche Wesen, und wir würden nie aufhören, gegeneinander zu kämpfen. Wir würden einfach keinen Frieden halten können.

Es war mir wahnsinnig peinlich, aber ich fing in seiner Gegenwart an zu weinen. Es verletzte mich einfach so tief, dass ein Mitbruder, ein Franziskaner, mir sagte: „Frieden auf Erden ist unmöglich!"

Ich kann und will nicht verstehen, warum es nicht möglich sein soll, Frieden zu halten. Frieden mag nicht herrschen, und auch ich weiß nicht, ob er überhaupt irgendwann auf der ganzen Welt herrschen wird, aber ich habe die Hoffnung, dass er möglich ist. Und ich glaube auch, dass diese Weise, das Leben und diese Erde zu betrachten, für uns Menschen wichtig ist.

Mein Lieblingswort auf Deutsch, ich habe in „Ein Himmel voller Freiheit" schon davon erzählt, ist „Entwicklung". Wir sind alle so verwickelt, dass wir uns jeden Tag neu entwickeln müssen. Aber genau für dieses Entwickeln brauchen wir Hoffnung. Eine kleine Hoffnung – gar keine ganz große. Du musst nur in einer kleinen Ecke deines Herzens daran glauben, dass es besser werden kann.

Immer, wenn wir an Hoffnung denken, denken wir automatisch an die Zukunft. Wir hoffen auf etwas, das in der Zukunft geschehen soll. Dabei haben wir gleichzeitig durch diese Hoffnung nicht nur eine Chance auf eine bessere Zukunft, auch unser Jetzt wird unmittelbar um so vieles positiver. Ganz automatisch hoffen wir den ganzen Tag über auf viele verschiedene Dinge und Ereignisse: Wir hoffen, dass der Bus rechtzeitig kommt, dass das Essen lecker schmeckt, dass es ein ruhiger Abend wird, dass wir gut schlafen können …

Zu hoffen heißt, Gott nahe zu sein, ihn in unserem Leben zu spüren, ihn zu einem Teil unseres Lebens zu machen. Hoffnung meint nicht immer, dass alles nach unseren Maßstäben gut werden muss. Hoffnung heißt, sich in das Vertrauen fallen zu lassen, dass Gott alles in der Hand hält.

Macht es wie die Lilien auf dem Feld, hat Jesus uns gesagt. Sie wachsen einfach – jeden Tag aufs Neue. Auf Englisch heißt es: We may die, but hope never dies. Die Hoffnung stirbt niemals.

Jesus selbst hat uns gezeigt, dass die Hoffnung im Tod eben nicht stirbt, sondern dass sie genau da geboren wird. Dass wir auch über den Tod hinaus hoffen dürfen. Hoffnung ist die Weisheit, die uns hilft, lebendig durch unser Leben zu gehen, das Beste aus dem zu machen, was wir haben. Hoffnung ist das, was wir im Leben jeden Tag aufs Neue brauchen.

Pater Sandesh Manuel

Foto: © privat

Pater Sandesh Manuel wurde am 4. Januar 1980 in Bangalore im Süden Indiens geboren. Er trat mit 17 Jahren dem Franziskanerorden bei und studierte Philosophie, Theologie und Musik. Seit 2013 lebt er im Franziskanerkloster Wien. Er malt, singt, rappt, liebt Sport, hat einen eigenen YouTube-Kanal. Außerdem ist er viel auf Instagram unterwegs und hat seine eigene Homepage sandeshmanuel.com, wo er mit seinen Beiträgen Menschen zum Lächeln bringen möchte.

Glück gibt's nicht
immer umsonst

Oft stehe ich mir selbst im Weg. Zum Beispiel, wenn es darum geht, etwas für mich einzufordern. Ich bewundere Menschen, die anderen geradeheraus sagen, was sie von ihnen wollen. Die sich nicht davor scheuen, Umstände zu machen, und sich wenig darum kümmern, was andere von ihnen denken. Solche Menschen bekommen oft das, was sie wollen. Mir fehlt diese Art Forschheit. Ich scheue mich meistens davor, etwas für mich zu verlangen, und stecke lieber zurück. Will keine Unannehmlichkeiten machen. Hinterher ärgere ich mich dann. Denn so habe ich bestimmt schon viele tolle Gelegenheiten verpasst – und auch manchen Grund zur Freude.

Es gelingt mir nur selten, diese blöde Furcht zu überwinden. Auch jahrelanges Gebet hat daran nicht viel bewirken können. Wahrscheinlich hat fast jeder ein oder mehrere solcher Schwachstellen, die einfach nicht besser werden. Manchmal aber sind es genau diese Schwächen, wo Gott einhakt, um uns eine Freude zu machen. Wobei nicht jede Freude ein Geschenk ist, das Gott einfach so auf uns herabregnen lässt, vielmehr dürfen wir uns so manches Glück auch verdienen. Die Freude darüber ist oftmals umso größer, je mehr es uns etwas kostet. So, wie eine Farbe vor einem Kontrast umso stärker leuchtet.

Dieser Gedanke ist noch ganz frisch, denn ich habe das erst vor wenigen Tagen selbst erlebt. Solche Erkenntnisse sind in meinem Leben nicht an der Tagesordnung. Aber wenn Gott der Meinung ist, dass ich etwas begreifen muss, dann sorgt er schon dafür, dass ich offen dafür bin.

Vorige Woche war ich zur Recherche im finnischen Südkarelien, wo mein neuer Roman spielt. In den ersten drei Tagen vor Ort war ich sehr beschäftigt. Ich unternahm Wanderungen, machte Ausflüge und versuchte, mit allen Sinnen jedes Detail der Umgebung einzusaugen, um das Setting des Romans später so authentisch wie möglich schildern zu können. Am vierten Tag hatte ich fast alle Punkte auf meiner To-do-Liste abgehakt. Eigentlich hatte ich noch ein Museum in Imatra besuchen wollen, doch das hatte gerade geschlossen. Was also tun? Ich beschloss, an die russische Grenze zu wandern, da diese Grenze und das Sperrgebiet davor eine wichtige Rolle in meiner Geschichte spielen werden.

Als ich den Waldweg von meiner Hütte zur Straße entlangwanderte, kam mir plötzlich der Impuls zum Beten. Ich habe solche Impulse nicht übermäßig häufig, aber manchmal plumpst mir ein solcher Gedanke plötzlich vor die Füße und ich begreife ihn als Aufforderung. So, als würde Gott zu mir sagen: „Bitte mich um etwas und dann warte ab, was passiert!"

Also sagte ich: „Gott, es wäre total schön, wenn du mir irgendetwas Bemerkenswertes auf dem Weg zeigst!"

Mein nächster Gedanke war: *Na, was denn?* Ich war die Wanderstrecke schon mit dem Auto abgefahren, im Grunde genommen war das Zeitverschwendung. Ich wusste, ich würde an Wäldern und offenen Wiesenlandschaften mit bunten Holzhäuschen vorbeikommen, und hier und da würde der See zwischen Bäumen hervorblitzen, typisch finnisch eben. Alles hübsch, alles nett, aber nicht wirklich bemerkenswert. Wozu also dieses Gebet?

Ich war etwa fünf Kilometer gelaufen. Die Sonne brannte. Am Straßenrand wuchs eine Flut an Lupinen, lange Rispen in kräftigem Lila und zartem Hellrosa. Ich zückte die Kamera. Da fuhr plötzlich ein Auto an mir vorbei, das erste seit einer halben Stunde. Es hielt an und ein ziemlich zahnloser alter Mann stieg aus. Kopfschüttelnd rief er mir etwas auf Finnisch zu.

Als er begriff, dass ich ihn nicht verstanden hatte, kam er näher und fragte mit Gesten und einfachen Worten: „Warum machst du denn Fotos von dem Zeug? Das ist doch bloß Unkraut, das kommt alles weg!"

Darüber kamen wir ins Gespräch. Der alte Mann fragte mich, von wem ich meine Hütte gemietet hätte. Als ich ihm den Namen meines Vermieters nannte, stand er plötzlich stramm, salutierte und rief: *„Soldaatti! Rajamies!"* Ich begriff: Mein Vermieter, dem ich noch nicht persönlich begegnet war, war Grenzsoldat!

Ich fühlte mich ganz kribbelig. Ein Grenzsoldat hatte mir bei meiner Recherche noch gefehlt! Doch ich hatte mir im Traum nicht ausgemalt, einen solchen hier tatsächlich ausfindig zu machen – und dann erfuhr ich von ihm durch einen solchen Zufall, von dem ich mir sicher bin, dass es keiner war. Diese Begegnung war das Bemerkenswerte, wofür ich zu Beginn der Wanderung gebetet hatte. Den Rest des Weges rang ich mit mir. Die Gelegenheit war zu verlockend. Aber ich konnte doch nicht einfach meinen Vermieter anhauen und mich derart aufdrängen. Vor allem nicht in einer Kultur wie der finnischen, in der es als respektvoll gilt, sich gegenseitig in Ruhe zu lassen.

Andererseits präsentierte Gott mir diese Gelegenheit auf einem Silbertablett und ich dachte mir: Greif zu, so etwas kommt nicht noch mal! Und was soll schon passieren? Mehr als Nein sagen kann er nicht. Also schrieb ich dem Vermieter eine Nachricht und fragte, ob er sich mit mir treffen würde.

Zwei Tage später saß er mit seiner Frau bei mir auf der Terrasse. Zwei Stunden lang erzählten mir die beiden vom Leben in der Region und von seiner Arbeit als Grenzschützer. Wohldosiert, wie ich bemerkte, aber dennoch hilfreich. Sie waren freundlich und bemüht, mir meine Fragen, soweit es möglich war, zu beantworten. Und ich war dankbar dafür, dass sie sich so viel Zeit für mich genommen hatten.

Das war das Sahnehäubchen auf einer ohnehin schon sehr erfüllten Recherchereise. Hätte ich dem Impuls zu beten widerstanden und die von Gott präsentierte Gelegenheit ausgeschlagen, weil ich mal wieder zu feige gewesen wäre, dann wäre ich ärmer nach Hause geflogen.

Ich hoffe, die Lektion wirkt nach. Gott hat mir ein Goldstück an den Wegesrand gelegt, aber er ließ es mich auch etwas kosten – Überwindung. Wenn ich immer auf Nummer sicher gehe und meinen einstudierten Mustern folge, verpasse ich so manchen Glücksmoment, den Gott mir in Aussicht stellt. Wenn er mir beim nächsten Mal sagt: „Greif zu!" – dann weiß ich jetzt, dass es die Mühe wert ist.

Katrin Faludi

Katrin Faludi (∗1982) ist Radioredakteurin und begeisterte Autorin. Nach ihrem Thriller „Schattenwald" arbeitet sie gerade an einem neuen Roman. Seien wir gespannt, was es wird. Sie ist verheiratet und lebt mit ihrer Familie in Bad Vilbel. Auf ihrem Instagram-Kanal *katrinfaludi* gibt es viel zu lachen und man erfährt so manches über die Entstehung ihres neuen Buches.

Foto: © Tabita Schier

Kriegszeiten

Mein größter Wunsch war es schon immer, Lehrerin zu werden. Das Schöne daran war, meine Schwester hatte den gleichen Wunsch. Und unsere Eltern befürworteten dieses Vorhaben, was in den 40er-Jahren gar nicht so selbstverständlich war. So fingen wir beide nach dem Abitur 1939 mit einem Arbeitsjahr und anschließend mit einem Lehramtsstudium in Dortmund an. Als wir unser Examen in den Händen hielten, waren wir überglücklich. Wir hatten es geschafft! Doch zeitgleich tobte der Krieg, überall herrschte Chaos und es war nicht leicht, nun eine Stelle als Lehrerin zu finden. In Nordrhein-Westfalen hatten wir keine Chance, deshalb mussten wir uns, wenn wir unterrichten wollten, in den Südwesten ins Elsass oder in den Nordosten nach Ostpreußen versetzen lassen. Das hatten die Nationalsozialisten damals so beschlossen. Wir entschieden uns fürs Elsass, denn Preußen war uns zu nahe an Russland. Das war im Jahr 1941, mitten im Zweiten Weltkrieg.

So machten sich meine 19-jährige Schwester und ich mit meinen gerade mal 20 Jahren auf den Weg ins Elsass.

Mein Einsatzort war in Altkirchen bei Mühlhausen, nahe der Schweizer Grenze und dem französischen Besatzungsgebiet. Meine Schwester musste noch etwas weiter nach Metz in Lothringen reisen. Auch das war besetztes Gebiet. Deshalb konnten wir uns nicht mehr täglich sehen , aber immerhin waren Wochenendbesuche für uns möglich – sehr zu unserer Erleichterung.

Da war ich also endlich im Schuldienst, in meinem Traumberuf angekommen. Doch gleichzeitig war ich weit weg von zu Hause und mitten im Krieg. Ein Freudenrausch blieb demzufolge aus.

Zum Glück war ich nicht allein. Meine Kollegin Liesel war schon zwei Jahre zuvor ins Elsass versetzt worden und wurde schnell eine gute Freundin für mich. Wir unterrichteten an einer Volksschule, in der damals noch nicht klassenweise unterrichtet wurde. Stattdessen wurden die Kinder jahrgangsübergreifend zusammengefasst.

Gerne hätte ich in dieser Zeit die französische Sprache erlernt, aber die Franzosen hatten furchtbare Angst vor den deutschen Soldaten, weshalb mir niemand Französisch beibringen wollte. Wir unterrichteten ausschließlich auf Deutsch und für mich war die Anwesenheit der deutschen Soldaten sehr beruhigend. So freundeten wir uns mit ihnen ein bisschen an, und sie versprachen uns, immer auf uns aufzupassen.

Das hielt meine Angst in Grenzen. Aber meine Freundin Liesel hatte die ganzen Jahre, während wir im Elsass waren, furchtbare Angst, dass der Krieg schlimmer werden könnte und wir dann ganz auf uns allein gestellt wären. Ich war überzeugt, dass, solange die deutschen Soldaten bei uns stationiert waren, uns schon nichts passieren würde.

Unser Schulleiter, der genau wie wir an diese Schule versetzt worden war und Frau und Kinder am Bodensee zurückgelassen hatte, kam sich mächtig wichtig vor und betrachtete uns junge Frauen als Freiwild. Auf meine Freundin Liesel hatte er es besonders abgesehen. Aber sie war resolut, zeigte ihm die kalte Schulter und reagierte auf keine seiner Umwerbungen. Als er schließlich kapiert hatte, dass mit Liesel nichts laufen würde, tat er alles, um ihr das Leben möglichst schwer zu machen. Auch ich wurde in seine Schikanen mit hineingezogen. Doch wir ließen uns nicht einschüchtern und taten das, was uns am einfachsten erschien: Wir gingen ihm aus dem Weg.

Während dieser Zeit wohnte ich zuerst in einer Familie, deren 16-jährige Tochter zugleich meine Schülerin war. Das fand ich schwierig. Altersmäßig trennten uns nicht so viele Jahre, trotzdem war ich ihre Lehrerin. Ich hatte dort zwar ein möbliertes Zimmer für mich allein, musste aber Küche, Bad und Wohnzimmer mit meiner Gastfamilie teilen, weshalb ich viel unterwegs war und dort nur noch schlief. Mittags trafen wir uns im Gasthaus, wohin auch die deutschen Soldaten kamen, vor denen sich auch der Schulleiter in Acht nahm.

Als 1943 plötzlich immer mehr Soldaten abgezogen wurden, packte Liesel und mich die Angst. Also gingen wir zum Schulleiter, der uns jedoch verbot, abzureisen. Er drückte uns stattdessen den Schulschlüssel in die Hand und fuhr selbst so schnell wie möglich nach Hause an den Bodensee. Liesel und ich waren fassungslos. Was sollten wir tun? Beim Mittagessen riet uns der Schulsekretär, der uns immer freundlich gesonnen war, schnellstmöglich zu verschwinden.

Also machten wir uns sofort ans Packen. Viel hatten wir eh nicht. Unsere Sachen passten problemlos in eine Tasche. Und dann ging es los: zu Fuß, per Bus und per Bahn. Wir wollten so schnell wie möglich nach Donaueschingen, wo Liesels Eltern lebten. Von dort wollte ich weiter nach Nordrhein-Westfalen reisen. Doch dann entschied ich ganz spontan, dass wir uns bereits an der Schweizer Grenze trennen und ich mit dem Zug versuchen würde, nach Franken durchzukommen. Meine Mutter wollte dort Verwandte besuchen und ich hoffte einfach, dass sie noch dort wäre. Und tatsächlich, als ich nach stundenlangen Fußmärschen und Bahnfahrten bei meinen Verwandten ankam, öffnete meine Mutter mir die Tür. Ich werde nie vergessen, wie wir uns in die Arme fielen.

Ein paar Stunden später kam meine Schwester an. Sie hatte sich mit dem Fahrrad auf den Weg gemacht. Wir waren wieder vereint in dieser turbulenten Zeit. Dafür war ich so dankbar!

Meine Schwester und ich waren unser ganzes Leben im Schuldienst. Ich habe es nie bereut in dieser schweren Anfangszeit nicht aufgegeben, die Hoffnung nicht verloren zu haben, sondern jeden Tag ein kleines Stückchen weitergegangen zu sein. Jeden Tag! Da gab es die mit schönen Dingen angefüllten Tage, und es gab auch immer wieder Tage, die waren einfach furchtbar. Dennoch habe ich immer wieder diese Hoffnung gespürt.

Heute bin ich 102 Jahre alt und kann manchmal gar nicht glauben, was ich da überstanden habe. Gottes Segen hat mich über all die Jahre hinweg treu begleitet. Das war und ist meine Hoffnung und meine Stärke.

Babette Prechtel

Foto: © privat

Babette Prechtel, Jahrgang 1921, war ihr ganzes Leben im Schuldienst – viele Jahre davon auch als Schuldirektorin. Immer hatte sie ein offenes Ohr für ihre Schüler, auch nach der Schulzeit. Sie war eine strenge Lehrerin, aber immer gerecht, meinte einer ihrer ehemaligen Schüler. Sie lebte in Herne und hat sich bis 1999 allein versorgt. Bis zu ihrem Tod im Juli 2023 wohnte eine Pflegekraft bei ihr und sie bekam oft von ihrem Patenkind Dorle Besuch.

Hoffnung aus den Wurzeln

Wirklich erklären, woher das kam, kann ich nicht. Aber ich habe mich jüdischen Geschichten, jüdischer Kultur und Tradition schon immer mit großem weitem Herzen verbunden gefühlt. Schon als Kind. Obwohl ich in meinem norddeutschen Kleinstadtalltag wenig Berührungspunkte mit Juden hatte, war mir bereits im Grundschulalter klar, dass das anders gewesen wäre, wenn es in Deutschland nicht die schrecklichen Jahre zwischen 1933 und 1945 gegeben hätte.

Sehr jung habe ich angefangen, Bücher über die Schoah zu lesen, was mich dann manchmal tage- und nächtelang beschäftigt hat. Das Theaterstück „Die Ermittlung" von Peter Weiss ist nun mal eine schwierige Gute-Nacht-Lektüre. Doch für mich war es nur eine Lektüre. Ein Grauen, das aus Buchstaben sprach. Für die jüdischen Kinder im Naziland war es Realität.

Im Konfirmationsalter habe ich mich dann mit den antisemitischen Schriften von Martin Luther herumgeschlagen, über die mein Pfarrer, ein großer Luther-Fan, leider nicht diskutieren wollte. Bei aller Achtung vor Luthers Mut, seinem Glauben und seinen unbestritten großen Verdiensten hat es mir meinen Zugang zur Person des Reformators und zu seinen zweifelsohne wertvollen Schriften schwieriger gemacht, dass über diese Seite von ihm scheinbar nicht gesprochen werden durfte. Mir hätte es hier geholfen, zuzulassen, dass auch ein Großer echten Mist schreiben kann.

Eines meiner absoluten Lieblingsbücher war aber „Die Mädchenfamilie". Die als Sarah Brenner geborene Autorin Sydney Taylor erzählt darin ihre eigene Familiengeschichte. Sie ist die mittlere von fünf Schwestern einer frommen jüdischen Familie, die in den 10er- und frühen 20er-Jahren an der New Yorker Lower East Side aufwachsen. Sydney Taylor hat die Geschichte für ihre eigene Tochter aufgeschrieben, aber sie hat auch mich mitgenommen in eine warmherzige Welt zwischen jiddischen Wurzeln und amerikanischem Traum.

So gesehen ist es vermutlich kein Zufall, dass ich für das Gap Year nach meinem Abi auf der Suche nach einem geeigneten Freiwilligendienst an einer Ausschreibung aus dem Londoner Norden hängen blieb. Die *Otto Schiff Housing Association* suchte Freiwillige für ihre Seniorenheime, die nach dem Zweiten Weltkrieg für Juden gegründet worden waren, die entweder noch rechtzeitig hatten fliehen können oder den Naziterror irgendwie überlebt hatten. Genau dort wollte ich hin.

Meine Eltern mussten schlucken. Sie waren nicht dagegen, hatten aber Sorge. Wie würde man mir, der neunzehnjährigen Deutschen, dort gegenübertreten? Ein Punkt, an den ich damals überhaupt keine Gedanken verschwendet hatte. Wenn sie dort Freiwillige aus Deutschland nahmen, würden sie schon ihre Gründe haben.

Die hatten sie auch, wie sich schnell herausstellte. Viele der Bewohner in den vier Pflegeheimen hatten zwar nach dem Krieg Englisch gelernt, fielen aber im Zuge demenzieller Erkrankungen im Alter zurück in ihre Muttersprache – und die war oft Deutsch. Wer mit ihnen kommunizieren wollte, musste Deutsch sprechen und verstehen können, weshalb ich dort mit offenen Armen empfangen wurde.

Im *Clara Nehab House*, in dem ich arbeitete, lebten Menschen aus New York, Polen, Russland, Israel und Hong Kong und unter ihnen gab es wirklich faszinierende Überlebenskünstler. Nicht wenige hatten ihre Familie in den Vernichtungslagern der Nazis verloren und doch brachte mich niemand von ihnen mit Nazis in Verbindung.

Das Team der Einrichtung kam aus England, Dänemark, Ostafrika, der Karibik und von den Philippinen – unter ihnen war auch unsere Köchin, die zwar keine Jüdin war, aber koscher kochen gelernt hatte. Gemeinsam feierten wir die jüdischen Feste mit hebräischen Gottesdiensten, die ich natürlich nicht verstand und ein Teil unserer Bewohner ebenso wenig. Gleichzeitig lief ab dem 1. Dezember im großen Saal die Aufzeichnung von „Christmas in Vienna" in Dauerschleife im CD-Player, und wir machten mit den Bewohnern einen Ausflug in das Zentrum von London, um ihnen bei einer Lichterfahrt die Weihnachtsbeleuchtung zu zeigen. Also auch die christlichen Feste waren ein fester Bestandteil des Lebens in dieser Einrichtung.

Man könnte nun meinen, dort herrschte eine heile Welt, doch dem war nicht so. So schmiss zum Beispiel eine Bewohnerin regelmäßig mit Tellern voller Essen nach uns, wenn mal wieder die Erinnerungen an ihre Erlebnisse in Nazideutschland die Oberhand gewonnen hatten.

Entsetzt haben mich auch einzelne rassistische Kommentare gegenüber schwarzen Pflegerinnen. Die hatte ich von Menschen, die am eigenen Leib erfahren hatten, was Rassismus, Ausgrenzung und Verfolgung von Minderheiten anzurichten vermögen, nicht erwartet. Sie zeigten mir aber, wie tief einmal gepflanzter Rassismus wurzelt, wenn in der Demenz, auf der verzweifelten Suche nach dem Bekannten und Vertrauten, dann herausbricht, dass man sich vom bösen schwarzen Mann oder eben der „Schwarzen" da nicht anfassen lassen will. Die „Schwarze" jedoch hat mit bemerkenswerter Geduld ihre pflegerischen Aufgaben weitergeführt.

Im Londoner Stadtteil *Golders Green* schließlich konnte ich beim Gang durch die Straßen jüdisches Leben miterleben. Man sieht dort Frauen, die ihre Haare unter dem sogenannten Scheitel, einer Perücke, verbergen und Männer mit Schläfenlocken und Schtreimel, einem mächtigen runden Hut. Das alles ist befremdlich und zugleich faszinierend.

Durch meine Zeit dort wurde aus mir, der Christin, keine Jüdin und ich habe dort auch keine bessere Welt gefunden, jedoch eine, die ich wenigstens ansatzweise verstehen wollte. Vielleicht weil dieser Jesus, an den ich glaube und der mir die Hoffnung gibt, dass es eine Zukunft für alle Menschen gibt, in eine jüdische Kultur hineingeboren wurde. Und vielleicht, weil ich glaube, dass wir diesen Jesus und seine große Liebe für diese Welt nur wirklich verstehen können, wenn wir auch einander verstehen wollen.

Julia Fiedler

Gott nahe zu sein, ist unser Glück

Was für andere früher das Lexikon war, das war für mich mein Onkel Heinz. Aus heutiger Sicht war er für mich Google und Wikipedia in einer Person. Er wurde 1930 geboren und zog als junger Mann von Berlin ins Schwabenländle.

Ich bin Jahrgang 1970 und wuchs in unfassbar ärmlichen Verhältnissen auf. Mein Papa war Alkoholiker, gewalttätig und ging keiner Arbeit nach. Seine Tage verbrachte er in der Kneipe. Normale Gespräche waren mit ihm kaum möglich und endeten oft mit Beleidigungen oder auch mit Schlägen.

Onkel Heinz war da ganz anders. Mit ihm konnte ich reden. Er brachte mir das Schachspielen bei und lehrte mich die Kunst der Selbstverteidigung. Er war einer meiner Rettungsanker in meiner Kindheit. Ein Stück Glück von ganz oben und die Hoffnung darauf, dass das Leben doch gut sein konnte. Oft gingen wir miteinander spazieren und ich genoss jeden Meter des Weges mit ihm. Insgeheim wünschte ich mir, dass Onkele Heinz mein Papa wäre. Er war klug, freundlich, wusste sich zu benehmen, trank nicht und war damit in allem das Gegenteil zu meinem Vater.

Meine Oma Elisabetha erzählte mir oft von Jesus und betete regelmäßig für mich und mit mir. So wurde Jesus zum Hoffnungslicht meines Lebens. In ihm fand ich einen Vertrauten, der mich verstand, der mein Herz sah und den Schmerz, mit dem ich so sehr kämpfte. Manchmal versuchte ich auch mit Heinz über Jesus zu reden, aber er meinte dann immer, es sei egal, an was man glaubt. Hauptsache man sei ein guter Mensch. Über den Glauben wollte der Onkele nicht reden.

Die Jahre vergingen und ich hielt stets den Kontakt zu meinem Onkele, doch mein Herz wurde zunehmend härter und der Hass auf meinen Vater wuchs. Nach außen hin führte ich ein erfolgreiches Leben als Personenschützer und Inhaber einer kleinen Sportschule, doch in meinem Herzen herrschte Chaos. Schließlich scheiterte meine erste Ehe durch mein Versagen.

Eines Tages fragte mich der Onkele, der an nichts glauben wollte als an das Gute im Menschen und der längst durchschaut hatte, was mit mir los war: „Miggi, was machst du eigentlich, wenn dein Vater stirbt?"

Diese Frage erschütterte mich. „Na und? Wir alle müssen mal sterben", blockte ich kalt ab.

Doch Onkel Heinz' Frage ließ mich nicht mehr los.

Im November 2007 besuchte ich schließlich meinen Vater, sagte ihm, dass ich ihn lieb hatte, und bat ihn um Vergebung, woraufhin mein Papa und ich auf unbeschreibliche Art und Weise das Wunder der Versöhnung erlebten. Die Liebe liebte das Schöne aus meinem Papa heraus. Er fand zum Glauben an Jesus, hörte auf zu trinken und schloss Frieden mit sich, mit Gott und seinem Umfeld.

Wenige Monate vor seiner Reise in sein ewiges Zuhause im Juli 2010 umarmten wir uns zum ersten Mal. Ich werde es nie vergessen. Es war pures Glück. Eine Umarmung bedeutet für mich, du bist sicher, du bist angekommen. Ein Stück vom Himmel auch für dich.

Bis hierhin könnte es einfach eine wunderbare Versöhnungsgeschichte sein, an der mein Onkele Heinz nicht unwesentlich beteiligt war. Doch da war noch etwas. Das Stück vom Himmel, dieses Glücksgefühl, das ich in diesen Begegnungen mit meinem Vater verspürt hatte, blieb mir mit meinem Onkel versagt und das, obwohl er mir durch meine gesamte Kindheit hindurch ein so wichtiger Begleiter und Gesprächspartner gewesen war. So offen er war, aber über Liebe konnte er nicht sprechen. Und dann war da noch die Sache mit Jesus und seiner Meinung, dass es letztendlich egal wäre, an wen und was man glaubt.

Im Frühjahr 2012 erkrankte Onkel Heinz und plötzlich begann der Held meiner Kindheit, Google und Wikipedia in einer Person, mir Fragen zu stellen. Es ging um die großen Lebensfragen. Wo kommen wir her, was ist der Sinn unseres Lebens, wo gehen wir hin, und was ist mit der Schuld unseres Lebens und mit der Liebe, die wir nie bekamen oder nie gaben? Es war eine unbeschreiblich intensive Zeit.

Eines Tages rief mich meine Tante voller Panik an. Mein Onkele war in der Wohnung gestürzt. Ich eilte zu ihm. Aufrecht saß er auf dem Boden und robbte sich mehrere Meter durchs Haus, um mich zu empfangen. Der eintreffende Rettungsdienst signalisierte mir, dass es sehr ernst um meinen Onkel stehen würde.

In dieser Nacht im Krankenhaus erinnerte ich Onkel Heinz daran, wie wichtig es wäre, Frieden mit Gott zu machen. Und am nächsten Morgen lag er strahlend in seinem Bett und verkündete, dass er in der Nacht zuvor mit dem „Boss" gesprochen und Frieden mit ihm gemacht hätte.

In den Tagen darauf schien er sich zu erholen und so besuchte ich ihn gemeinsam mit meiner jetzigen Ehefrau und meiner Tochter, nicht wissend, dass es unser letzter Besuch bei ihm war. Beim Verabschieden wollte ich ihn nur flüchtig drücken, denn Umarmungen ließ er bis dahin nicht zu. Als ich ihm näherkam, drückte er mich jedoch fest an sich und flüsterte mir zum ersten Mal nach 42 Jahren ein „Ich hab dich lieb" ins Ohr. Gänsehaut, pures Glück und Verwunderung. Damals und jetzt. Sogar jetzt beim Schreiben füllen Tränen meine Augen.

„Ich dich auch, Onkele", flüsterte ich zurück.

Als ich dann im Begriff war, zu gehen, rief er mir ein zweites Mal zu: „Lieb hab ich dich und pass auf dich auf."

Ich konnte kaum glauben, was ich da hörte, und antwortete meinerseits, dass ich ihn sehr liebe.

Sogar noch, als ich zur Tür hinausging, rief er mir ein drittes Mal zu: „Miggi, vergiss nie, ich hab dich so lieb."

Ich weinte damals und heute und rief noch ein weiteres Mal durch den Spalt: „Ich dich auch, Onkele", bevor ich die Tür schloss.

Das war das letzte Mal, dass ich meinen Onkel sah. Doch eines Tages wird sich erneut eine Tür öffnen und wir werden uns wieder sehen.

Mein Onkel, mein Freund, mein Kindheitsheld, mein erster Trainer, mein Vertrauter, war nicht mehr da. Gemeinsam verbrachten wir unzählige Stunden auf der Eckbank in seiner kleinen Küche. Nie wieder würden wir dort sitzen.

Was mich tröstet und mit Hoffnung erfüllt, ist dass Onkel Heinz am Tag seiner Versöhnung mit Gott ein neues Herz geschenkt wurde. Ein Herz, das sich nach Nähe, nach Frieden und Liebe sehnte, das sogar in den letzten Stunden seines Lebens eine Umarmung schenken und über Liebe sprechen konnte.

Gott nahe zu sein, ist unser Glück, so steht es in der Bibel. Ich verstehe so vieles nicht. Auf viele Warum-Fragen habe ich selten oder nie eine Antwort, aber dort, wo Gottes Liebe das Herz eines Menschen verändert, wird Neues geboren. Glück finden wir nicht in den Sternen, bei irgendwelchen Maskottchen oder durch Daumendrücken, sondern bei Gott allein. In Jesus kam Gottes Liebe uns ganz nah. Wie eine Umarmung. Was für ein Glück für dich und mich.

Michael Stahl

Foto: © privat

Michael Stahl ist Trainer, Vortragsredner und Buchautor. Armut, Verletzung, Demütigung und was diese Worte bedeuten, hat Michael Stahl in seinem Leben in vielerlei Hinsicht erfahren müssen. Mit 18 Jahren hat er einige Wochen auf der Straße gelebt, 2010 hatte seine Familie einen schrecklichen Autounfall. „Liebe ist mein Motor", sagt er dennoch von sich selbst. „Und Gott ist die Liebe." Du findest ihn unter www.prot-actics-stahl.de

Der Eselhof

Es war Februar 2021. Überall tobte das Coronavirus und es herrschte Ausgangssperre, denn alle sollten möglichst alle Kontakte miteinander vermeiden. Menschen mit Vorerkrankungen sollten am besten komplett brav zu Hause bleiben, um sich bloß nicht anzustecken. Ich bin so ein Mensch mit Vorerkrankungen. Und es war sicher lieb gemeint und sollte mich schützen, aber monatelang nicht unter Menschen zu dürfen, das war wie eine kleine Folter! Natürlich konnte ich mich wie alle anderen auch über WhatsApp, Videotelefonie oder Mails austauschen. Doch das ersetzt nun mal kein menschliches Gegenüber, so ganz real von Angesicht zu Angesicht. Ich bin ein sehr geselliger und fröhlicher Mensch, doch diese Einsamkeit machte mir Angst. Ich versuchte, mich mit allem Möglichen zu beschäftigen, doch der Austausch und die direkte Begegnung mit anderen fehlte mir so sehr.

Ich versuchte meine Freundinnen zu überreden, dass sie wenigstens mit mir draußen spazieren gingen. Aber auch das traute sich keine. Alle hatten sie zu große Furcht davor, mich anstecken zu können. Nur meine Kinder kamen immer wieder vorbei. Ich glaube, sonst wäre ich schlicht wahnsinnig geworden.

Als ich dann recht zügig einen Impftermin erhielt, war ich überglücklich. Die Impfung war umstritten, doch für mich die einzige Möglichkeit, mich wieder mit Menschen zu treffen. Ohne lange zu zögern, ließ ich mich mit Astra-Zeneca impfen.

Doch trotz der Impfung blieben meine Freunde vorsichtig. Niemand wollte verantwortlich dafür sein, dass ich mich ansteckte. Ich weiß wohl, dass Corona für alle von uns eine schwierige Zeit war. Und ich möchte das niemandem absprechen. Hier geht es nur um meine Geschichte und wie es sich anfühlte, als Vorerkrankte quasi eingesperrt zu sein.

Ich blieb also weiterhin allein und wurde immer betrübter, obwohl ich auf digitalem Wege wirklich viel Zuspruch erhielt. Doch dann klingelte eines Vormittags plötzlich mein Telefon. Meine Freundin Gaby hatte eine Idee und die sprudelte nur so aus ihr heraus. Sie sprach von Eseln und einem Eselhof, den sie gründen wollte. Aber sie wäre ein absoluter Laie auf dem Gebiet und wolle zuerst einen Kurs machen, damit sie bei der Haltung der Esel keine Fehler machen würde. Zu diesem Eselkurs wollte sie mich mitnehmen.

„Könntest du dir das vorstellen?", fragte sie mich begeistert.

Ich war so perplex, dass ich erst mal nichts anderes sagen konnte, als dass ich Esel mag. Als ehemaliges Landkind bin ich Tieren grundsätzlich sehr zugewandt, aber Esel hatten es mir schon immer ganz besonders angetan. Deshalb war ich aber noch lange keine Eselexpertin.

„Was für einen Eselkurs meinst du?", fragte ich irritiert.

„Na ja", meinte sie, „ich möchte mir Esel anschaffen. Hast du schon mal was von tiergestützter Therapie gehört?"

„Ja, das habe ich natürlich, aber mit Eseln habe ich das noch nie gehört", war meine Antwort.

Ich bin ein großer Esel-Fan. Ich liebe diese Tiere, ihre langen flauschigen Ohren, ihren langsamen Gang, ihr gemütliches Leben und ich liebe diesen Blick aus den dunklen, großen braunen Augen. Je mehr ich an Esel dachte, desto unbändiger stieg die Freude in mir hoch. Egal, was das für ein Kurs sein sollte. Es hörte sich nach einem Abenteuer an. Und diese Esel waren nicht virtuell.

Also antwortete ich spontan: „Ich bin dabei!"

Zwei Monate später hatte ich meine zweite Impfung schon intus und Gaby hatte zwei Esel angeschafft: Max und Moritz. Und so machten wir uns auf den Weg in die Oberlausitz. In einem kleinen Dorf zwischen Bautzen und Görlitz gab es den Eselhof Nechern. Hier würde man uns alles beibringen, was man über Esel wissen muss. Wir, das waren Gaby, Iris und ich. Für zwei Wochen würden wir dort mit zwölf Eseln, weiteren Kursteilnehmern und Ralf und Heike, den Besitzern des Hofes, zusammen sein. Dort würden wir alles lernen, was für die Haltung eines Esels wichtig ist.

Ich war total aufgeregt. Monatelang hatte ich nur zu Hause gesessen und durfte bloß niemandem zu nahekommen. Und nun das: Freiheit! Hoffnung! Meine trübe und trostlose Stimmung verlor sich mit jedem Kilometer, den wir dem Eselhof näherkamen. Und wir drei wurden immer ausgelassener und voller Vorfreude, denn für die nächsten zwei Wochen würden wir mit den Eseln eine Einheit sein.

Weil ich in Baden-Württemberg auf einem Bauernhof großgeworden war, durchfluteten mich so manche Erinnerungen an unsere Milchkühe, Katzen, Hühner, Hasen, Schweine und zwei Ziegen. Das war viel Arbeit, all die Tiere zu versorgen, aber gleichzeitig war es auch heimelig, abends im Stall zu sitzen und den Tieren beim Fressen zuzuhören.

Doch bevor wir tatsächlich mit den Tieren arbeiten konnten, befassten wir uns mit der Theorie. Ich lernte, dass der Esel ein Wüstentier ist und hervorragend dort zurechtkommt. Eine grüne Wiese schadet ihm mehr, als dass sie ihm guttut, weil er ein extrem guter Futterverwerter ist. Dazu galt es so einiges über die Anatomie der Tiere, ihre Hufe und das Anlegen des Zaumzeuges zu büffeln. Weil wir drei in einer kleinen Ferienwohnung untergebracht waren, konnten wir all das gemeinsam lernen. Das machte großen Spaß.

Dann endlich durften wir zu den Eseln. Sani, Sunshine, Sina, Evi, nur um ein paar auch mal beim Namen zu nennen, rannten uns freudig entgegen, als wir zum Striegeln und zur Hufpflege kamen. Ich durfte Sunshine versorgen, deren Name so sehr zu ihr passte. Sie war eine ganz liebe Eselin, die mir immer ihr weiches Ohr entgegendrehte, um sich meine Befehle anzuhören, wenn ich sie führen durfte.

Eselsohren sind wundervoll. Flauschig und weich, immer in Bewegung. Sunshine konnte ihre Ohren in unterschiedliche Richtungen drehen. Das eine Ohr wendete sie mir zu, während sie mit dem anderen die Umgebung abhorchte. Das war einfach süß. Auch das Kuscheln mit einem Esel tat mir mir so gut. Nach all den Monaten der Einsamkeit ein Tier im Arm zu halten, es zu streicheln und ihm Worte ins Ohr zu flüstern, gab mir so viel Mut und Hoffnung zurück.

Auch heute, drei Jahre später, wenn ich jetzt zu Gabys Eseln Max und Moritz gehen darf, durchfließt mich dieses Glücksgefühl. Ich bewundere noch heute ihren Mut, dieses Projekt in dieser schwierigen Zeit gewagt zu haben. Und ich bin ihr noch heute dankbar, dass sie mich einfach mitgenommen hat.

Simone Heintze

Seien Sie ein Schaf!

Nicole und ich haben uns im Mai 2009 bei einer Mutter-Kind-Kur im Allgäu kennengelernt. Es war ein traumhaft schöner Frühling im Gebirge. Drei Wochen lang fast jeden Tag Sonnenschein und nachts ein richtiger Landregen. Dem lieben Mai konnten wir mit jedem Tag mehr beim Bäume-grün-Machen zuschauen. Mehr Frühlingsausbruch ging nicht.

Am Ende eines Gesprächs gab der Kurarzt meiner Freundin den folgenden Rat mit auf den Weg: „Seien Sie ein Schaf!"

Sie hatte ihn irritiert angeschaut und war dann gegangen, unsicher, ob sie eher lachen oder beleidigt sein sollte. Wir haben lange über diesen Satz nachgedacht, aber nicht klären können, was genau er damit gemeint hatte – mit dem Schafsein.

Dennoch ist sein Rat für uns zum geflügelten Wort geworden, und wir schicken uns seitdem regelmäßig, besonders gern im Frühjahr, Bilder von Schafen zu. Meine Freundin wohnt in Norddeutschland, da trifft man häufiger auf

Schafe. Und „Sei ein Schaf" ist zu unserer Antwort auf alle möglichen Problemlagen geworden.

Du weißt gerade nicht weiter? Sei einfach ein Schaf!

Du könntest explodieren? Sei ein Schaf!

Du willst es unbedingt hinbekommen? Sei ein Schaf!

Schafe passen immer. Schafe sind sehr soziale Tiere. Sie bauen Freundschaften auf und kämpfen selten gegeneinander. Außerdem haben Schafe extrem gute Sinne, eine feine Nase und weil sie fast einmal im Kreis schauen können, ist ihr Blickfeld riesig. Dazu kommt ihr nahezu perfektes Gehör, mit dem sie die Stimme ihres Hirten aus Hunderten anderer Stimmen heraushören können.

All das können Schafe, weil sie zu ihrer Verteidigung sonst nicht viel zu bieten haben und einfache Opfer sind. Ein Schaf allein kann nicht besonders gut auf sich aufpassen. Schon wenn es nur stolpert und auf dem Rücken landet, braucht es Hilfe, denn von allein kann es sich nicht wieder aufrichten und droht schlimmstenfalls zu ersticken. Wache Sinne sind also lebensnotwendig. Wache Sinne und ein Hirte, dem ein Schaf vertrauensvoll folgen darf.

In der Bibel kommen Schafe 196-mal vor. Ganz schön oft, aber auch nicht verwunderlich. Schafe und Menschen waren schon immer eng miteinander verbunden. Sie liefern Wolle, Milch und Fleisch, halten das Gras kurz und düngen den Boden. Lämmer sind die geborenen Opfertiere, die sich widerstandslos zur Schlachtbank führen lassen. Zugleich aber sind sie wertvoll und geliebt. Als Jesus geboren wird, sind es Schafe und ihre Hirten, die als Erste davon erfahren und zur Krippe eilen.

In der Geschichte vom verirrten Schaf beschreibt Jesus, wie sehr ihm jedes einzelne dieser Tiere am Herzen liegt. Er selbst nennt sich wiederholt den Guten Hirten. Der Hirte, der jedes einzelne seiner Schafe mit Namen kennt, kein einziges verloren gibt und alles für seine Herde geben würde, sogar sein Leben. Der Hirte, der sich selbst zum Opferlamm macht, um seine Schafe zu retten. Ein Superheld im Schafspelz. Einer für alle. Und seine Schafe, die kennen seine Stimme. Unter allen Hirten der Welt würden sie seine Stimme heraushören, denn er ist doch ihr Hirte. Der Eine für alle.

Wenn ich jetzt also zu dir sage: „Sei ein Schaf!" – was denkst du dann? Bist du beleidigt? Brichst du in Lachen aus? Oder denkst du: *Ja, so ein Schaf, das genau weiß, dass es allein nicht klarkommen wird und darum auch gar nicht die Erwartung hat, alle Probleme allein lösen zu müssen. So ein Schaf, dem es reicht, dass es die Stimme seines Hirten kennt, weil dieser Hirte es liebt und weiß, was es braucht. So ein Schaf wäre ich manchmal auch gern und ich habe die Hoffnung, dass ich tatsächlich eines werden könnte.*

Julia Fiedler

Weltfremd

„Weltfremd! Du bist ein Träumer. Und das Gefährliche ist, dass deine Fantastereien so schön klingen, dass du andere damit ansteckst!"

Mein Freund Michael aus Kindertagen war am Telefon. Fast 50 Jahre hatten wir nichts mehr voneinander gehört. Jetzt hat er zufällig eine Predigt von mir auf YouTube gefunden. Es geht darin um das Gute im Menschen. Michael war nicht meiner Meinung. Sein Chef hatte ihm zum Jahreswechsel auf ziemlich schmutzige Weise gekündigt, nachdem er sehr lange bei einem privaten Klinikbetreiber gearbeitet hatte. Der Frühling mit seinen Vogelstimmen, der Blütenpracht und den knospenden Zweigen konnte ihn so gar nicht erfreuen, denn er war in einem Tunnel gefangen, zweifelte an den Menschen, an seinem Glauben, an den Guten.

Die Corona-Krise hatte der Betreiber seiner Klinik genutzt, um sich zu sanieren. Auf Operationen war verzichtet worden, stattdessen hatte die Klinik plötzlich hunderte neue Intensivbetten angemeldet und Beatmungsgeräte angeschafft. Chirurgen wurden nicht mehr gebraucht. Und der Staat hatte bezahlt – weit mehr als mit Operationen zu verdienen gewesen wäre. Die Klinik hatte in der Pandemie mit fantastischen Gewinnen geglänzt – und mit den niedrigsten Personalkosten seit Gründung des Konzerns.

Der Personalchef hatte ihn nach 28 Jahren zu einem Kaffeeplausch eingeladen, doch als Michael das Zimmer betrat, saß neben dem Personalchef ein Anwalt, der ihm einen vorbereiteten Auflösungsvertrag vorlegte. Michael war so verblüfft und konsterniert, dass er tatsächlich unterschrieb, was natürlich sein eigener Fehler war.

„Es ist jetzt nicht mehr rückgängig zu machen. Aber erzähl mir nichts von der Hoffnung auf das Gute. Erzähle mir lieber etwas vom Gericht! Steht das nicht auch in der Bibel? Dass Gott für Gerechtigkeit sorgt? Dass die Sünder bestraft und die Guten belohnt werden? Und steht da nicht auch, dass wir Menschen auf Erden Gott dabei nach Kräften unterstützen sollen, dass die Ungerechten nicht erst nach ihrem Tod, sondern schon in dieser Welt zur Verantwortung gezogen werden? Das wäre mal ein Thema für eine Predigt!"

Michael war wütend: auf die Klinik, auf den Personalchef, auf sich selbst – und auf mich. Er fühlte sich von allen verraten. Und er hatte recht.

Ich war auch wütend, denn ich hatte zu viele ähnliche Geschichten im letzten Jahr gehört: aus der Wirtschaft, aber auch aus der Diakonie und Kirche. Anstand und Menschlichkeit gingen verloren. Stattdessen gab es zu viel Leitungspersonal, das sich stolz auf die Schultern klopfte, wenn es sich erfolgreich von Personal und Stellen getrennt und Einrichtungen geschlossen hatte.

In solchen Situationen klingt der Satz in Klagelieder 3,22 zynisch: *„Die Güte aber des Herrn hat kein Ende."*

„Michael, deine Wut finde ich vollkommen berechtigt", sagte ich ihm.

„Danke, das hilft mir jetzt aber nicht weiter."

„Was hilft dir denn weiter?"

„Ach, ich weiß es auch nicht. Anfangs wollte ich Rache. Dann war ich verzweifelt. Traurig. Es ist eine Enttäuschung nach 28 Jahren. Du denkst, du bist dem Betrieb irgendwie wichtig. Aber da ist nichts.

Fang noch einmal an und erzähl mir zwei Sätze über das Gute im Menschen. Sprich von Barmherzigkeit und Güte! Vielleicht lenkt es mein Denken in eine andere Richtung. Und die Hoffnung kehrt zurück. Derzeit herrscht in mir nur Streit und Krieg. Ein inneres Gemetzel, das mich krank macht. Es tut mir nicht gut. Und meine Frau hält es kaum noch mit mir aus."

„Okay, ich versuche es. Die Güte wird uns geschenkt. Ich glaube, dass Paulus es gut beschreibt, wenn er sagt, das sie uns vom heiligen Geist gegeben wird und in unserem Leben wachsen kann. Sie kann aber auch abnehmen. Wenn sie uns geschenkt ist, ist die Güte ein Teil von uns, eine Wesenseigenschaft."

„Ein bisschen praktischer hätte ich es schon gerne."

„Güte kommt von Herzen und ermöglicht eine besondere Sichtweise auf den Menschen: Trotz aller gegenteiliger menschlicher Erfahrung hält der Gütige daran fest, das Gute zu sehen. In jedem Menschen. In jedem Leben."

„Schaffe ich nicht", sagte Michael. „Der Personalchef bleibt für mich ein skrupelloser Karrierist."

„Du hast mich nach der Güte gefragt", antwortete ich. „Albert Schweitzer hat es in poetische Worte gepackt: ‚Stetige Gütigkeit vermag viel. Wie die Sonne das Eis zum Schmelzen bringt, bringt sie Missverständnisse, Misstrauen und Feindseligkeit zum Schwinden.'

Ich würde sogar noch etwas weitergehen: Güte und Hoffnung heilen uns. Du hast ganz sicher recht, was geschehen ist, war definitiv Unrecht. Die Güte, die in dir ist, hilft dir aber, nicht das Böse mit Bösem zu vergelten. Sie hilft dir, dich nicht selbst zu verlieren an den Krieg und Streit, der in dir tobt."

„So viel Güte bringe ich noch nicht auf. Aber ich verstehe, was du meinst", seufzte Michael.

„Ich glaube ja an Engel", fahre ich fort. „Nicht als geflügelte Boten, sondern als Botschafter, die einen Gedanken, ein Gespräch, eine zufällige Begegnung bringen. Vielleicht begegnet dir ein Engel, der dich an die Quelle deiner Güte und Hoffnung zurückbringt, dir Güte und Gelassenheit schenkt und dich achtsam leben lässt mit deinen Mitmenschen und mit dir selbst. Sie ändert nicht die Vergangenheit, aber sie verändert die Gegenwart und womöglich die Zukunft."

Michael bittet: „Wenn du kannst, dann schick mir diesen Engel der Hoffnung und Güte, damit ich mich endlich am Frühling erfreue, wieder an die Zukunft und an die Menschen glauben kann."

Zuversichtlich nicke ich ihm zu. „Schicken kann ich ihn dir nicht, aber beten, dass er sich zu dir auf den Weg macht, das kann ich schon!"

Rainer Chinnow

Foto: © privat

Rainer Chinnow ist Pastor der Nordkirche in der Friesenkapelle in Wenningstedt auf Sylt. Er ist Urlaubspastor mit viel Herz. Seine Gemeinde formt sich jeden Sonntag neu, jeder ist willkommen.
Mit seiner Frau lebt er seit über 20 Jahren auf Sylt und hat vier Kinder. Mittlerweile die ersten Enkelkinder. Im letzten Jahr ist sein Buch: „Angedacht" erschienen, das 52 Kurzandachten für das Kirchenjahr enthält – obige Geschichte ist aus diesem Buch. Mehr Infos dazu gibt es auf Instagram oder unter friesenkapelle.de

Kaffeegedanken

Ich liebe den Mai. Kein großes Wunder, denn ich bin ein Maikind. Und dieses Jahr ist der Mai – wahrscheinlich, weil es im April so viel geregnet hat – besonders grün. Endlich warm genug für die Terrasse. Blauer Himmel, kleine Wölkchen, Blätter im Wind. Strickjacke-an-und-auszieh-Wetter. Dieser Mai grünt sich in meine Seele hinein, lässt Hoffnung sprießen. Die Gelegenheit, um endlich, endlich die eine Stunde Ruhe zu finden, um zu schreiben.

Ich schreibe ständig, das hat man davon, wenn man das beruflich macht. Aber ich meine eben keine Artikel zu verfassen, sondern etwas Gefühltes, Zugeflogenes, eine Idee in Buchstaben wachsen zu lassen und am Ende selbst ein bisschen staunend zu schauen, was daraus geworden ist. Zum Beispiel die Gedanken, die einem bei einer Tasse Kaffee kommen. Bei einer Tasse Kaffee von weit her. Nun gut, jede Tasse Kaffee, die ich hier trinke, kommt in Ermangelung mitteldeutscher Kaffeeplantagen von weit her. Aber diese Tasse *Kopi Robusta* aus *Tana Toraja* ist trotzdem besonders für mich. Mein Sohn hat den Kaffee von seinem sechsmonatigen Aufenthalt in *Tana Toraja* auf der indonesischen Insel Sulawesi mitgebracht. Er schmeckt nach einer besonderen Zeit.

Ich selbst war 1994 einmal in Indonesien. Direkt nach meinem Abi. Meine Eltern haben mir die Reise geschenkt. Es war zugleich der Abschied für uns vom Kleinfamilienurlaub mit Vater, Mutter und Tochter. Zwei Wochen Bali – ein Touristen-Trip. Trotzdem ist im Herzen etwas hängen geblieben. Ich wollte immer noch mal wiederkommen. Mehr sehen von diesem Land.

28 Jahre später ist das Land dann auf mich zugekommen, als mein zweiter Sohn sich nach seinem Abi für einen sechsmonatigen Freiwilligendienst über die *Evangelische Mission in Solidarität* auf Sulawesi beworben hat. Er war spät dran mit seinem Vorhaben, es war schon Mitte Januar, die ursprüngliche Anmeldefrist längst verstrichen, aber ein paar Restplätze waren noch frei, darunter genau einer in Indonesien.

Als wir von der Stelle im Internet lasen, war grade noch ein Tag Zeit, um seine Bewerbung abzuschicken. Das Bauchgefühl sagte, das ist die Stelle. Allerdings musste man sich zuerst allgemein für einen Freiwilligendienst bewerben und konnte danach erst im zweiten Schritt seinen Wunschort äußern. Es folgten also Online-Auswahlgespräche und Wartetage.

Schließlich kam die Mail: „Herzlichen Glückwunsch, wir können dir eine Stelle in Ghana anbieten!"

Ghana? Wieso eine Zusage für Ghana? Ghana war nicht der Plan. Aber offenkundig die Realität. Was jetzt? Eine

Woche blieb Zeit für eine Entscheidung. Ghana oder ganz absagen. Erst mal Ruhe bewahren. Die berühmte eine Nacht drüber schlafen. Reinfühlen. Vielleicht wäre Ghana ja auch gut?

An Tag drei kam dann der erlösende Anruf: „Der Kandidat für Indonesien ist abgesprungen und da du so gern dorthin wolltest und wir uns zwischen euch beiden ohnehin nicht entscheiden konnten, wollten wir dir anbieten, zu wechseln."

Danke, Gott! Keine halbherzige Entscheidung, sondern ein volles Ja für Indonesien. Meine war nur die Perspektive der Mutter, aber von diesem Moment an war ich mir sicher, dass Gott seine Hand über diese Reise halten wird.

Der Anfang war trotzdem holprig. Keine großen Katastrophen, aber ein Fremdeln mit der Fremde und ein Nichtwissen, ob das eine kluge Entscheidung war. Sechs Monate, die unfassbar lang erschienen. Sechs Monate, in denen nicht alles toll war, aber sechs Monate, in denen uns gemeinsam ein Land und seine Menschen nahegekommen sind. Sechs Monate mit neuen Gesprächsthemen und langen Telefonaten. Sechs Monate miterleben, wie das Kind in der Ferne wächst.

Wieder ein Weihnachtsfest, bei dem einer am Tisch fehlte, der aber dennoch genau in diesem Moment am haargenau richtigen Ort war: nämlich ganz allein mit vier Kindern im Kinderheim. Alle anderen Kinder konnten zu ihren Familien reisen, diese vier nicht. Der Jüngste war gerade mal sechs oder sieben Jahre alt.

Für meinen Sohn war das *Panti* (Kinderheim) lediglich seine Unterkunft, die eigentliche Einsatzstelle war eine Förderschule in Rantepao, die über Weihnachten Ferien hatte. Gerade zurück von ein paar Tagen Urlaub hätte er Einladungen zu verschiedenen Weihnachtsfeiern gehabt, doch angesichts der vier Kinder allein im *Panti* traf er die spontane Entscheidung zu bleiben, Pizza zu holen und den Heiligabend mit den Vieren zu feiern.

Ein ähnliches Szenario entstand ein weiteres Mal eine Woche später an Silvester. Wieder fuhr er nicht zu einer Party, sondern blieb mit zwei elf- und zwölfjährigen Jungs im *Panti* und veranstaltete mit ihnen ein kleines Feuerwerk.

Ich habe keine Ahnung, was das diesen Kindern bedeutet hat. Mich aber hat es tief angerührt und mir wirklich hoffnungsvolle Freude geschenkt.

Julia Fiedler

Abdruck der
Hoffnung

Sechs Monate, von September 2022 bis März 2023, habe ich für eine christliche Organisation aus Stuttgart in Indonesien verbracht. Dort habe ich in einer kleinen Schule für Kinder mit Behinderungen unterstützende Arbeit geleistet. Gewohnt habe ich während dieser Zeit im christlichen Kinderheim in Rantepao auf der Insel Sulawesi.

Sulawesi ist eine der großen Hauptinseln Indonesiens, auf der rund 16 Millionen Menschen leben. Die Mehrheit von ihnen sind Muslime, doch eine Ausnahme bildet die Region Tana Toraja im zentralen Bergland der Insel, wo auch Rantepao liegt, die zum überwiegenden Teil christlich geprägt ist.

8:20 Uhr: Der Wecker klingelt. Wie jeden Morgen öffne ich verschlafen die Tür meines Zimmers im Kinderheim. Von den Kindern schon längst keine Spur mehr, denn die sind seit 4:30 Uhr auf den Beinen und sitzen schon längst in der Schule. Ich schmeiße mich auf meinen geliebten Roller und düse an meinen Erzfeinden, den beiden mir laut nachschreienden Gänsen, vorbei.

9:00 Uhr: Start für meine Arbeit in der Schule. Die 15 Kinder stellen sich in einer Reihe auf und gehen zusammen in den Klassenraum. Nach dem gemeinsamen Gebet gehe ich mit Grace und Effrat in einen anliegenden Klassenraum, um dort den beiden in meinem sehr gebrochenen Indonesisch etwas beizubringen.

10:30 Uhr: Die Lernzeit ist vorbei, die Kinder können nun spielen oder im Handarbeitsraum basteln. Sandy und Reno, zwei gehörlose Jungen, kommen auf mich zu und möchten mit mir Fußball spielen.

11:15 Uhr: Kaffee- und Teepause und die letzten Perlentiere werden zu Ende gebastelt. Ich bastele mit. Wobei jedes der Kinder das besser und geübter kann als ich.

12:00 Uhr: Schulschluss, auf meinem Roller bringe ich Ibu Rina nach Hause, bevor ich ins Kinderheim fahre, um dort zu Mittag zu essen.

16:00 Uhr: Nach einem Besuch im Gym bin ich verschwitzt und auf dem Weg zu einer befreundeten Familie. Dort kann ich duschen, bevor ich mit ihnen Karten spiele oder mich mit ihren drei Hunden beschäftige.

19:30 Uhr: Abendessen im Kinderheim mit anschließendem Gottesdienst, an dem jeden Abend alle Kinder teilnehmen.

21:00 Uhr: Für einen abendlichen Snack fahre ich noch in eines meiner Lieblingscafés, um eine Kleinigkeit zu essen oder bei einem Kaffee, auf Sulawesi wird Kaffee angebaut,

die anderen Gäste zu beobachten und das Leben zu genießen.

Allein an so einem normalen Tag, wie ich ihn grade skiz-
ziert habe, treffen wir alle eine Menge verschiedener Menschen mit unterschiedlichen Hoffnungen. In ihnen spiegeln
sich die Sorgen und Wünsche eines jeden Individuums wie
ein einzigartiger Fingerabdruck. Das Abbild dieses Finger-
abdrucks kann je nach Untergrund stark variieren, es kann
eine tiefe, gut sichtbare Spur hinterlassen oder nur eine
ganz flüchtige, kaum zu sehende.

Genauso kann jede Hoffnung für jeden Menschen ein
anderes Gewicht haben. Wenn ich mich morgens noch mal
umdrehe und hoffe, noch ein paar Minuten länger schlafen zu können, kann die Hoffnung für die Kinder im Kinderheim viel größer sein, auch mal länger als bis 4:30 Uhr
schlafen zu dürfen.

Während der Abdruck für manche stark und groß zu
sehen ist, kann dieser für dich quasi unsichtbar sein. So
kann die Hoffnung für Sandy und Reno, unbedingt mit mir
Fußball spielen zu wollen, groß gewesen sein, wobei ich
diese Hoffnung nicht einmal wahrgenommen habe.

Das ist eine der vielen Sachen, die ich in Indonesien gelernt habe. Unsere Hoffnungen sind so individuell wie unser
Fingerabdruck. Am Abdruck, den wir auf einem Untergrund
hinterlassen, lässt sich erkennen, ob wir etwas mit viel Nach-
druck berührt oder nur flüchtig gestreift haben. Dort, wo wir
viel Gewicht drauflegen, werden wir deutlichere Spuren hinterlassen. Doch wie gut ein Fingerabdruck zu sehen ist, hängt

immer auch vom Untergrund ab, wie bereitwillig dieser ihn widerspiegelt. So kann die Hoffnung der Kinder im Kinderheim, möglichst bald zu ihren Familien zurückzukehren, schwerer im Herzen liegen als die Hoffnung, in der Stadt eine bessere Bildung zu erhalten als in ihren Dörfern. Vielleicht ist die Hoffnung auf bessere Bildung aber der Abdruck, den die anderen sehen wollen und dem sie deshalb mehr Fläche bieten.

Dennoch können die Kinder und kann auch ich mir sicher sein, dass Gott alle Hoffnungen sieht. Dass er sie sich einzeln anhört und nach seinem besten Willen und Plan für jeden Menschen entscheidet. Was zur Folge hat, dass wir so wunderschön verschieden sind, aber dennoch der Glaube an die Hoffnung uns eint.

Tom Fiedler

Tom Fiedler, Jahrgang 2003, hat nach seinem Abi im Sommer 2022 ein halbes Jahr Freiwilligendienst für die *Evangelische Mission in Solidarität* (ems) in Indonesien geleistet. Wie fast alle hat er sich nach der Schule die Frage gestellt: „Wer bin ich?" Um eine Antwort zu finden, hat er den Wunsch wahrgemacht, der schon lange in ihm geschlummert hat: raus in die Welt gehen – dorthin, wo es definitiv anders ist als zu Hause. Dabei ist er auf der wunderschönen tropischen Insel Sulawesi in der kleinen Stadt Rantepao gelandet. Eine Erfahrung, die ihn so angefixt hat, dass er sich ein halbes Jahr später in ein neues Abenteuer in Neuseeland gewagt hat.

Hoffnung
in dieser Welt – und auf
die andere

Hoffnung heißt ja nicht, an etwas zu glauben, das man sowieso für sehr wahrscheinlich hält. Hoffnung heißt auf etwas zu setzen, das nach Utopie klingt. Zu schön, um wahr zu werden.

Und doch brauchen wir die Utopie, weil eben alles mit einer Idee im Kopf entsteht. Am Anfang war das Wort. Gott hat die Welt und alles, was in ihr ist, allein aus seiner wortgewaltigen Geisteskraft erschaffen. Und auch wir Menschen entspringen aus nichts anderem als einem Gedanken Gottes.

Wenn wir Hoffnung haben, senden wir Funksignale zu diesem großen Gott. Gott wird uns nicht jede Hoffnung erfüllen, aber es freut ihn, wenn wir hoffen. Denn wenn wir hoffen, glauben wir an ihn. Halten es für möglich, dass er das Unmögliche kann. Trauen ihm alles zu. Erkennen an, wie groß er ist.

In unserer Hoffnung stoßen wir das Tor zum Himmel auf und begeben uns ins Reich der unbegrenzten Möglichkeiten. Wir öffnen unsere Herzen für Gottes Geist, und wo wir uns von seiner Kraft anstecken lassen, fällt Hoffnung auf die Erde.

Im Buch „Ungläubiges Staunen – Über das Christentum" von Navid Kermani gibt es ein Kapitel über den Jesuitenpater Paolo Dall'Oglio, das mich sehr berührt hat. Mit Anfang 20 ist Pater Paolo als gläubiger Christ von Rom nach Beirut gezogen, um dort Arabisch zu lernen und den Koran zu studieren. Promoviert hat er schließlich über das Thema „Hoffnung im Islam".

Doch Pater Paolo ging es nicht um die Wissenschaft. Anfang der 80er-Jahre wurde er auf ein verlassenes und halb verfallenes Kloster in der syrischen Wüste aufmerksam, das ihn nicht mehr losließ. Er motivierte andere Christen, dieses Kloster gemeinsam mit ihm wieder aufzubauen und im Kloster *Deir Mar Musa al-Habashi* einen Ort zu schaffen, der einer Utopie gleichkam. Ein Ort des Friedens, ein Ort der Hoffnung, ein Ort der Freiheit, ein Ort der Begegnung der Religionen, zu dem jeder kommen durfte und an dem jeder sich willkommen fühlen sollte.

Wegen seiner Kritik am syrischen System wurde Pater Paolo 2012 ausgewiesen. 2013 kehrte er zurück, um mit dem ISIS zu verhandeln, der in Raqqa 1.500 Menschen entführt hatte, unter ihnen Christen, Moslems und säkulare Oppositionelle, die sich für ein freies Syrien eingesetzt hatten. Pater Paolo wusste, in welche Gefahr er sich selbst damit brachte. Tatsächlich kehrte er von dieser Mission nie zurück.

An was für eine Utopie hat er da geglaubt? War das zu viel des Guten? Gibt es überhaupt ein Zuviel des Guten? Können wir zu viel erhoffen, wenn wir einen Gott haben, der so viel Liebe hat, dass er uns Leben im Überfluss verspricht?

Zwei Sätze, die Pater Paolos Mitschwester Carol über ihn erzählt hat, sind mir aus dem Buch ins Herz gehüpft. Der erste lautet: „Bei jedem Menschen, dem er begegnete, interessierten ihn dessen Möglichkeiten – also die Hoffnung, die er war."

Was für eine schöne Sicht, habe ich gedacht. In jedem Menschen den Hoffnungsträger zu sehen, das kleine Samenkorn, das Gott hineingelegt hat und aus dem so viel wachsen kann.

Es erinnert mich an den unglaublich tröstlichen Satz, den Martin Luther gesagt hat: „Gottes Liebe sucht nicht das Liebenswerte, sie schafft es."

Wir müssen nicht liebenswert sein, um zu Gott zu kommen. Aber mit seiner Kraft können wir es werden. Denn das Samenkorn dafür hat Gott schon in uns hineingelegt.

Der zweite Satz über Pater Paolo aus dem Buch von Navid Kermani war dieser: „Er sieht den Menschen nicht nur, wie er sich in dieser Welt verhält; er sieht ihn, wie er vor Gott steht."

Darin schwingt so viel Mitgefühl. Vor Gott stehen wir ungeschminkt als allesamt kleine Herzchen, denen nichts anderes übrig bleibt, als schonungslos ehrlich zu sein. In jedem Menschen die Hoffnung zu sehen, die Hoffnung in dieser Welt und die Hoffnung auf die andere Welt, das mag eine rosarote Brille sein, durch die Pater Paolo auf die Welt geblickt hat, aber ich glaube, es täte uns und der Welt gut, wenn wir uns diese Brille ruhig auch mal aufsetzten. Und ich wünsche mir, dass mir das immer häufiger gelingt.

Julia Fiedler

November im Kopf

Manchmal ist mein Kopf ein grauer Herbsttag. Dann ist er voll mit vergangenen Begegnungen, eigenen Einfällen und Neuigkeiten, guten wie schlechten. Aus einzelnen Gedanken, die wie Wolken am Himmel kreisen, wird eine undurchdringbare Wolkenmauer, in der unterschiedliche Grautöne nahtlos ineinander übergehen. Und ich? Ich versuche, alles zu sortieren. Eine Wolke hier in die Ecke, die andere dorthin und vielleicht sehe ich den Himmel dann irgendwie. Ich merke, es fällt mir schwer, mich auf das Hier und Jetzt zu fokussieren, einfach mal da zu sein. Bei so vielem, was durchdacht und erledigt werden möchte.

Es sind Tage wie diese, an denen ich an eine Stelle aus der Bibel denke. Hier redet Jesus zu einer großen Menge Menschen, denen es ab und zu ähnlich geht wie mir. Er sagt: *„Setzt euch zuerst für Gottes Reich ein und dafür, dass sein Wille geschieht. Dann wird er euch mit allem anderen versorgen. Deshalb sorgt euch nicht um morgen – der nächste Tag wird für sich selber sorgen! Es ist doch genug, wenn jeder Tag seine eigenen Schwierigkeiten mit sich bringt"* (Mt 6,33–34, Hfa).

Zugegebenermaßen: Die wenigsten von uns arbeiten als Wanderprediger, die nicht wissen, wo sie morgen schlafen oder was sie am nächsten Tag essen sollen. Auch ich darf mich über ein Dach über dem Kopf und einen manchmal zu vollen Magen freuen. Und trotzdem hilft mir diese Aussage mit meinem grauen Himmel im Kopf weiter.

Jesus selbst stellt fest, dass ein Tag allein genug Herausforderungen mit sich bringt. Das ändert nicht mein Pensum an Begegnungen oder Herausforderungen, aber meine Perspektive auf sie. Ich muss mich nicht auf eine volle Woche mit sieben Tagen voller Termine einstellen, sondern auf einen Tag allein, und zwar den heutigen.

Mich entlastet das total! Was morgen passiert, passiert morgen und nicht heute. Und mein Himmel? Der lockert sich auf. Aus der immer grauen Wolkenwand brechen erste Sonnenstrahlen und ein Blau, das mich fröhlich macht. Die Wolken werden überschaubarer, obwohl sich ihre Zahl nicht verändert.

Mit einer anderen Metapher gesprochen: Ich werde es nicht verhindern können, dass ich in meinem Leben vor große Berge gestellt werde. Aber auch Berge lassen sich nur Schritt für Schritt erklimmen!

Jesus sagt in diesen zwei Versen ebenfalls, dass es uns um das Reich Gottes gehen soll. Mir persönlich hilft dieser Satz, weil er meine Perspektive auf die Herausforderungen meines Lebens ändert. Das Reich Gottes bedeutet für mich, so zu leben, wie Jesus es vorgemacht hat, wie er hier auf Erden den Menschen gedient hat. Egal, ob er sie unterrichtet, geheilt oder ihnen die Füße gewaschen hat: Es ging um reale Menschen!

Ich arbeite nicht für schwarze Zahlen oder seelenlose Computer, sondern für Menschen. Auch das ändert die Zahl meiner Aufgaben und Herausforderungen nicht, aber es ändert meine Motivation. Was ich tue, ist nicht sinnlos, sondern bedeutungsvoll. Ich denke, dass das nicht nur für (angehende) Pfarrer gilt, sondern für alle Menschen. Egal, ob Lehrende, IT-Fachangestellte oder Vollzeiteltern: Was wir tun, kann Menschen helfen.

Ich beobachte, dass mir dieser Gedanke guttut. Die Wolken in meinem Himmel verlieren Stück für Stück ihr Grau und nehmen viele Farben an. Und so schaue ich auf ein buntes Farbenmeer am Himmel und bin Jesus für diese beiden Verse dankbar.

Lukas Werthschulte

Lukas Werthschulte, Jahrgang 1997, kommt ursprünglich aus Menden im Sauerland, hat in Bochum evangelische Theologie studiert und ist jetzt Vikar in Gevelsberg. Er spielt Handball, kann kochen und ist gern mit dem Motorrad unterwegs.

Foto: © privat

Graustufentage

Der Dezember 2017 war der trübste seit 25 Jahren. Das Wetter war zu nass, zu grau, zu ungemütlich. An manchen Orten in Deutschland zählten die Meteorologen noch nicht einmal sechs Sonnenstunden im ganzen Monat! Es gab wohl kaum jemanden, der sich nicht nach mehr Licht und Sonne gesehnt hätte.

Insofern bin ich gar nicht so aufgefallen. Mein persönlicher Dezember war nämlich auch der trübste seit mindestens 25 Jahren. In meinem Umfeld habe ich einen Vertrauensbruch bisher ungekannten Ausmaßes erlebt. Zwei Personen begannen, Unwahrheiten über mich zu verbreiten. Sie unterstellten mir Dinge, die ich nicht getan hatte, und verdrehten Sachverhalte, um am Ende selbst in einem besseren Licht dazustehen.

Das zog mir wirklich den Boden unter den Füßen weg. Das System, in dem ich meinen Alltag mit all seinen Koordinaten eingerichtet hatte, geriet komplett ins Wanken. Ich fand mich in der Defensive wieder und musste mich gegen die Behauptungen von zwei Leuten zur Wehr setzen, von denen ich ursprünglich dachte, dass ich ihnen vertrauen könnte. Gott sei Dank gab es viele Menschen, die mir glaubten. Meine Familie, meine Freunde und meine Gemeinde standen hinter mir wie eine Wand. Und trotzdem fühlte ich mich machtlos und als unschuldiges Opfer.

Der Gedanke, mich zu rächen, wühlte in meinem Herzen. Meine Gespräche mit Gott wurden leidenschaftlicher und tiefer. Ich suchte bei ihm nach Antworten auf meine Empörung und Verletzung. Es war alles so anstrengend, so traurig, so ungerecht und schien so hoffnungslos …

Am Samstag vor dem 3. Advent erreichte meine Frustration ihren Höhepunkt. Vormittags hatte ich beim örtlichen CVJM unseren Weihnachtsbaum gekauft – wie jedes Jahr. Beim Bezahlen bekam ich von dem Mädchen an der Kasse mit dem Wechselgeld einen kleinen, zerdrückten Papierstern ausgehändigt.

„Haben wir im Jugendkreis gebastelt!", erläuterte sie.

Ich schob ihn achtlos in meine Jackentasche. Danach begleitete ich meine Tochter zu einer Schulveranstaltung, auf die ich nicht die geringste Lust hatte. Völlig genervt stapfte ich bei grauem Wetter in der grauen Straße durch den grauen Tag und grübelte über meine vertrackte Situation nach. Wut und Traurigkeit kämpften in mir um den ersten Rang in meiner aktuellen Gefühlsskala. Alles war ätzend, alles war trüb, alles war aussichtslos. Und dann noch seit Wochen dieses unsägliche Wetter dazu. Der einsetzende Nieselregen reichte, um bei mir das Fass beziehungsweise meine Augen zum Überlaufen zu bringen. Ich weinte mitten auf der Straße. Der ganze Frust der letzten drei Wochen tropfte aus mir heraus.

Schniefend griff ich in die Jackentasche auf der Suche nach einem Taschentuch. Fehlanzeige. Stattdessen förderte ich das zerknitterte Papiersternchen zutage, das mir das Mädchen ein paar Stunden zuvor geschenkt hatte.

Na super, nicht mal was zum Naseputzen, dachte ich verärgert, als ich merkte, dass sich der Stern auseinanderfalten ließ. Was die jungen Leute vom CVJM da als nette Geste für die Christbaum-Käufer eingepackt hatten, rettete aber nicht nur meinen Tag, sondern auch den Rest des trübsten Dezembers seit 25 Jahren. Es traf wie ein Sonnenstrahl in mein waidwundes, verletztes und sich selbst bemitleidendes Herz.

Es war nur ein kleiner Metall-Clip – nicht größer als ein Daumennagel –, aber darauf stand: „Ich halte dich. Gott."

Sigrid Offermann

Sigrid Offermann war über die Hälfte ihres Lebens Hörfunkredakteurin, bevor sie sich hauptberuflich dem Büchermachen zuwandte. Heute arbeitet die zweifache Mutter als Lektorin bei Gerth Medien und gehört zum Moderatorenteam des Gerth Medien Podcasts „Der Flügelverleih".

La Palma

September 2022. Ich kann es gar nicht glauben, ich bin tatsächlich auf dem Frankfurter Flughafen, um wieder nach La Palma zu fliegen. Corona und so viele Irrungen und Wirrungen können dieser Reise nichts anhaben. Es scheint, als würde in diesem Jahr alles gut gehen und ich dürfte die Freizeit der Liebenzeller Mission auf La Palma endlich voll und ganz mitmachen.

Rückblick

Im September 2021 werde ich das erste Mal von der Liebenzeller Mission gefragt, ob ich eine Freizeit als organisatorische Leiterin auf La Palma übernehmen kann. La Palma, eine Insel auf den Kanaren, das hört sich toll an! Das einzige Problem: In zwei Wochen sollte es losgehen. Arnold, der die Freizeit eigentlich leiten sollte, hat sich das Knie gebrochen. Meine Aufgabe wäre es nun, die Organisation der Freizeit zu übernehmen. In langen Telefonaten bespricht

Arnold alles mit mir, was er geplant und organisiert hatte und was ich nun durchführen darf. Ich habe eigentlich keine Ahnung, was da wirklich auf mich zukommt, aber ich vertraue darauf, dass Gott mir das schon zeigen wird. Und die Hoffnung auf sonnige Tage beflügelt mein Herz. Ich war noch nie auf La Palma.

Drei Tage bevor wir losfliegen, bricht der Vulkan an der Vulkankette *Cumbre Vieja* auf La Palma aus. Es ist ein anstrengendes Hin und Her, ob die Freizeit nun stattfindet oder nicht. Letztendlich gibt die TUI das Go und wir fliegen – eine Gruppe von 17 Personen.

Der Vulkan ist das beherrschende Thema der Freizeit. Die wunderbare Lotte, unsere Wanderführerin von *Graja Tours*, entführt uns vier Tage lang jeden Morgen vor dem lauten Vulkan in wunderschöne Ecken der Insel. Doch am fünften Tag müssen wir La Palma verlassen. Es wird wegen der Lavaasche für uns zu gefährlich. Alle Planungen sind dahin und wir werden in einer Nacht- und Nebelaktion nach Teneriffa ausgeschifft.

Still stehe ich an der Reling und blicke auf die Stadt Santa Cruz, denke an die vielen Menschen, die dort zurückbleiben und es aushalten müssen mit diesem Vulkan. Lotte, die dort mit ihrer Familie lebt und aus ihrem Haus evakuiert wurde, weil es zu nahe am Vulkan liegt. Niemand weiß, wie es weitergeht.

Und da sind wir, die Urlauber, die jetzt einfach die Insel verlassen und statt auf La Palma in einem Hotel auf Teneriffa weiter Urlaub machen dürfen. So endet La Palma hier für mich, und ich frage mich, warum hat Gott mir die Hoffnung auf La Palma geschenkt und nun endet es in so einem Chaos?

Was hatte das für einen Sinn?

Ein Jahr später sitze ich am Frankfurter Flughafen und bin wieder voller Hoffnung auf eine wundervolle Freizeit auf dieser einmalig schönen Insel. Ich freue mich darauf, Lotte wieder zu sehen und zu hören, wie es ihr im vergangenen Jahr ergangen ist. Und da sind auch die Freizeitteilnehmer, die ich kennenlernen werde und mit denen ich eine tolle Zeit auf dieser Insel verbringen darf. Wieder bin ich als organisatorische Leiterin dabei.

Pünktlich um 10:27 Uhr landen wir auf La Palma. Keine riesige Rauchwolke in Sicht wie noch im Jahr zuvor, einfach nur strahlend blauer Himmel und 28 Grad!

Am selben Abend kommt Lotte bei uns im Hotel vorbei, um uns die Wandertouren vorzustellen, die sie für uns ausgesucht hat. Es ist mir so eine große Freude, sie in den Arm nehmen zu dürfen und mich jetzt darauf zu freuen, 14 Tage mit ihr diese Insel entdecken zu dürfen.

Lotte ist nicht wirklich gläubig, aber im letzten Jahr, bevor wir die Insel verlassen mussten, haben wir sie gesegnet, sie und ihre Familie unter Gottes Schutz gestellt. Monatelang haben wir für sie gebetet, für die ganze Insel, und dass der Vulkan nicht ihr Haus vernichtet. Per WhatsApp haben wir uns immer wieder ausgetauscht. Davon erzählt Lotte, und wie berührt sie davon war. Wie sehr ihr das geholfen hat, durch diese schwere Zeit zu kommen. Wie sehr sie sich durch unsere Gebete beschützt gefühlt haben, sie, ihr Mann und ihre Kinder.

Mit Tränen in den Augen sitze ich da und kann nicht glauben, dass diese kurze Zeit doch so viel göttliche Hoffnung hinterlassen hat. Hat sie aber!

Simone Heintze

Steh auf und iss!

Ein Buch, das spricht. Lebendige Worte. Viele durften das schon erleben. Denn das genau ist es doch, was die Bibel so besonders macht. Sie ziellos aufschlagen und über einen Vers stolpern, der voll ins Herz trifft. Als stünde dieser Satz da allein für mich. Als hätte Gott das genauso geplant. Dass ich kleiner Mensch unter Milliarden anderer kleiner Menschen exakt in diesem Moment diesen Vers finde. Wahnsinn!

Noch mehr Wahnsinn ist es allerdings, wenn die Bibel spricht, ohne dass du sie aufschlägst. So ist es mir ergangen mit einem Satz aus dem ersten Buch Könige, Kapitel 19, Vers 7: *„Steh auf, Elia, und iss!"*, befahl er ihm noch einmal. „Sonst schaffst du den langen Weg nicht, der vor dir liegt." Dein Weg, Elia, ist hier noch nicht zu Ende, lässt Gott ihm ausrichten. Ich möchte, dass du weitergehst.

Wie wohl alle schon mal erlebte auch ich in meinem Leben Situationen, in denen ich allein nicht weitergekonnt hätte. Und immer dann, wenn ich wirklich an dem Punkt angelangt war, nicht mehr aus eigener Kraft aufstehen zu können, hat mir dieser Satz im Ohr geklungen. Sanft, aber doch auch bestimmend: „Steh auf und iss!" Und immer dann haben mir diese Worte geholfen und mir genau das Maß an Lebenskraft gegeben, das ich brauchte, um weiterzumachen. Und ich konnte sagen: „Wenn du, Gott, deine Reise mit mir fortsetzen willst, dann stehe ich auf."

Erst viel später habe ich auch die Geschichte zu diesem Satz wahrgenommen, habe ich wirklich begriffen, was mir schon immer bewusst war, aber nie wirklich einen Kontext für mich hatte. Es war für mich immer vage, dass ich nicht die Erste war, der dieser Satz neue Hoffnung gegeben hat. Dass es ein Engel Gottes gewesen ist, der viele Jahre vor meiner Zeit genau diese Worte zum Propheten Elia gesprochen hat.

Elia war ein Mann aus dem Stamm Levi, der wiederum aus den Nachkommen von Leas und Jakobs Sohn Levi bestand und immer noch besteht. Er kam aus Tischbe in Gilead und lebte zur Zeit von König Ahab und Königin Isebel, also im 9. Jahrhundert vor Christus.

Ahab war ein Sohn Omris. Er heiratete die phönizische Prinzessin Isebel, um auf diese Weise den politischen Frieden für sein Land zu stabilisieren. Der Preis dafür war, dass er den Baalskult, den Isebel in die Ehe und ins Land mitbrachte, im Nordreich Israel duldete. Dies war ein gewaltiger Affront gegen Gott und auch für Elia war es unerträglich.

Schon als Kind, so wird ihm nachgesagt, war Elia erfüllt vom Eifer für seinen Gott. Einer, der für Gott brannte und keine faulen Kompromisse einging. Ein mutiger Überzeugungstäter für Gottes Gerechtigkeit. Er betete, er fastete, verkündete als Angriff auf den Baal, der als Gott des Wetters, des Regens und der Fruchtbarkeit verehrt wurde, eine Dürre über das Land, die egal, was in dieser Zeit dem Baal geopfert wurde, weiter andauerte.

Elia musste sich deswegen lange verstecken, bis er im kinoreifen Showdown am Berg Karmel die Baalspropheten als machtlose Götzendiener entlarvte und töten ließ. Erst danach kam auf Elias Gebet hin endlich wieder der Regen und er lief mit göttlicher Power angetrieben mindestens über die Distanz eines Halbmarathons schneller als der Wagen des Königs vom Berg Karmel bis hinunter in die Jesreelebene. Und von dort ging es direkt geschätzte 180 Kilometer weiter bis Berscheeba im Südreich Juda.

Königin Isebel nämlich war wenig begeistert über den Tod ihrer Propheten und hatte Elia bis ans Ende der Welt Rache angedroht, weshalb Elia sich von Berscheeba allein weiter in die Wüste flüchtete. Erschöpft und ausgebrannt ließ er sich unter einen Ginsterstrauch fallen, um von dort nie mehr aufzustehen.

Von dem energischen Eiferer war nun nichts mehr übrig, weshalb er ausgebrannt und leer erkennen musste: „Ich bin nicht besser als meine Väter."

Sich ohne Wasser in der Wüste zum Schlafen zu legen, wäre der sichere Suizid gewesen, doch das ließ Gott nicht zu. Und so schickte er seinen Engel, der den schlafenden Elia sanft wachrüttelte.

„*Steh auf und iss*", sagte dieser zu ihm. Und mitten in der Wüste stand direkt vor Elias Kopf ein Krug mit Wasser und lag ein geröstetes Brot. Elia aß und trank, war aber so ermattet, dass er erneut einschlief.

Doch wieder weckte ihn der Engel des Herrn mit Brot und Wasser und diesmal stand Elia tatsächlich auf, aß und trank im Stehen und ging mit der Kraft dieser Himmelsspeise 40 Tage lang bis zum Berg Horeb – wo er die Nacht in einer Höhle verbrachte. Der Ort, an dem auch schon sein Vorfahre Mose seinem Gott begegnet war. Aber was genau hat Elia dort gesucht? Wir erfahren es nicht.

„*Was tust du hier?*", fragte auch Gott ihn am nächsten Morgen.

Und da klagte Elia ihm sein Leid. Seine Mission, die sich so gescheitert anfühlte. Alles war umsonst. Was hätte er denn noch tun sollen, um die Menschen zu überzeugen und zu Gott zurückzuführen? Mehr ging nicht. So wie bei Mose, der doch auch alles gegeben hatte und trotzdem hatte das Volk lieber um ihr selbst gebasteltes goldenes Kalb getanzt.

Gott hörte zu, ließ ihn reden. Er hielt Elia keine Predigt. Stattdessen nahm er ihn fast buchstäblich an die Hand, so nah kam er ihm. „*Geh hinaus und stell dich auf den Berg*", forderte er ihn auf.

Daraufhin zogen an Elia mächtige Naturgewalten, Sturm, Erdbeben und Feuer vorbei. Derjenige, der sich diesen ungeschützt auf einem Berggipfel aussetzt, musste lebensmüde sein. Wie musste Elia das erlebt haben? Hatte es ihm Angst gemacht? Sah er darin sich selbst? Immer

Vollgas, immer großes Kino. Nie genug. Immer noch mehr. Bis zur kompletten Erschöpfung und Selbstzerstörung.

Aber Gott war nicht im Sturm, nicht im Erdbeben und nicht im Feuer. Erst als ein leises Säuseln zu vernehmen war, erkannte Elia den Herrn. Sanft und leise, fast flüsternd kam er daher. Erst in diesem Moment trat Elia aus dem Schutz der Höhle und zog sich seinen Mantel vors Gesicht.

Gott wollte ihm zeigen, dass es nicht nur schwarz und weiß, nicht nur alles oder nichts gibt. Er ließ ihn wissen: Du bist nicht der Erste und nicht der Letzte. Deine Reise ist nicht zu Ende, und es gibt auch in Israel noch Menschen, die sich niemals vor Baal verneigt haben. Es gibt Hoffnung.

„Steh auf und iss!", sagt Gott auch zu uns. Du musst nicht immer rennen. Du darfst auch langsam gehen. Wenn niemand dich hören will, niemand dich versteht, dir alles, in das du deine Kraft und dein Herzblut gesteckt hast, sinnlos erscheint, dann bin ich da.

Iss und trink. Es geht auch kleiner. Du bist nicht besser als deine Väter, aber auch nicht schlechter. Du bist nicht der Weltenretter und trotzdem ein Hoffnungsträger. Denn Hoffnung, das verspreche ich dir, Hoffnung gibt es immer.

Julia Fiedler

Wohin geht der Weg?

Im März 2014 veranstaltete meine Gemeinde eine Glaubenskonferenz, die in Hamburg stattfand. Es gab Gottesdienste und Vorträge und es gab Pausen. Es tut gut, nach dem langen Sitzen mal aufzustehen und ein bisschen zu laufen. Ich holte mir dabei einen Becher heiße Schokolade und spazierte im Foyer an diversen Ständen von Organisationen vorbei, die sich dort präsentierten und um Freiwillige warben. Ich hatte nichts weiter im Sinn, als mich nur ein bisschen von den Vorträgen zu entspannen.

Doch dann stoppte ich plötzlich vor einem Stand. Es war der Stand des Elim-Hospizdienstes. Auch heute noch, so viele Jahre später, frage ich mich, wie es nur kam, dass ich ausgerechnet an diesem Stand einfach anhielt.

Für mich gibt es nur eine Antwort: Gott hat mich auf „meiner Reise" dorthin geführt. Er hat mich zu diesem Stand geführt, um mich auf die ehrenamtliche Arbeit eines Hospizes (Sterbebegleitung) aufmerksam zu machen. Ich hatte in meinem Leben so manch Schlimmes erleben müssen, was mich viel gelehrt und meinen Glauben gestärkt hat. Würde

ich mit diesem Wissen nun Menschen auf ihrer letzten Wegstrecke begleiten dürfen?

Ein Rückblick

1971 haben meine Frau Margret und ich geheiratet. Bald
wurden uns unsere drei Kinder Stefan, Christoph und
Miriam geschenkt. Wir hatten es sehr gut mit unserer
Familie. In einem kleinen Dorf im Norden von Niedersachsen waren wir zu Hause. Hier wurden unsere drei Kinder in
der Landeskirche getauft, doch später fanden wir mehr Anschluss in einer freien evangelischen Gemeinde. Bei einer
Evangelisation durften wir uns noch mal neu zu unserem
Glauben bekennen, und das gab uns sehr viel Mut, unser
Leben Gott und seinem Sohn Jesus Christus anzuver-
trauen.

Ich hatte zudem das große Glück, in einem kleinen Fa-
milienbetrieb im Außendienst arbeiten zu dürfen. Ja, ich
war viel unterwegs, doch meine Frau unterstützte mich sehr
bei meinen Plänen. Zu diesen Plänen gehörte auch unser
hübscher Laden mit maritimen Geschenkartikeln auf der
Insel Föhr, der meiner Frau und mir gehörte. Immer, wenn
unsere Kinder Ferien hatten, waren wir alle zusammen auf
der Insel und hatten neben der Arbeit eben auch das Meer
in der Nähe. Meine Frau liebte es, dieses Geschäft zu leiten, und unsere guten Mitarbeiter halfen uns, alles am Laufen zu halten. Kurz gesagt: Meine Frau und ich, wir hatten

immer etwas zu tun, aber wir genossen auch sehr die Zeit mit unseren Kindern am Meer

Wir waren sehr gesegnet in dieser Zeit, doch dann kam der Januar 2003. Meine Frau Margret stellte eine taubeneigroße Schwellung an ihrer Schulter fest, die nicht dahin gehörte. Eine innere Stimme sagte ihr, dass sie ihre Brust abtasten sollte. Die Frauenärztin bestätigte später das, was Margret vermutete: Brustkrebs. An diesem Diagnosetag kam ich abends bei Eis und Schnee zurück, und wir beide konnten nicht fassen, was da plötzlich über uns hereinbrach.

Not lehrt beten – so heißt es doch. Und das tat Margret dann auch. Erst voller Verzweiflung und dann immer mehr voller Vertrauen darauf, dass Gott weiß, was er tut. Davon ließ sich der Krebs aber nicht wirklich beeindrucken.

Von einer Chemotherapie war nun die Rede. Doch meine Frau lehnte sie ab. Sie wusste sich von Gott gehalten, und weil ihr Befund ein Grenzfall war, bei dem gar nicht sicher war, ob eine Chemo zum Erfolg führen würde, war das auch für mich in Ordnung.

Der Arzt gab uns dennoch Bedenkzeit und plötzlich kamen meiner Frau Zweifel. War ihre Entscheidung richtig? Zusammen redeten, überlegten und beteten wir. Wir mussten unserem Arzt am nächsten Tag unseren Entschluss mitteilen.

Dann konnte meine Frau plötzlich nichts mehr hören. Als wir beim HNO-Arzt saßen, betete sie zu Jesus: „Wenn das jetzt wirklich ein Hörsturz ist, dann, Herr, will ich das als ein Zeichen von dir nehmen und keine Chemo machen." Ja, so sprach sie mit Gott.

Und tatsächlich hatte meine Frau einen Hörsturz, weshalb sie sofort eine Infusion bekam, nach der sie bei unserer Ankunft zu Hause wieder normal hören konnte. Wir waren voller Freude und Dankbarkeit, dass Gott es so geführt hatte, und fühlten uns darin bestärkt, dass die Chemo nun vom Tisch war.

Zehn Jahre später, es war am 21.03.2012, bekam ich von meiner Frau den Anruf: „Bitte komm sofort nach Hause." Sie war aufgrund von anhaltenden Bauchschmerzen beim Arzt gewesen und die Diagnose war ernüchternd ausgefallen. Der Krebs war zurück und sie sollte sofort ins Krankenhaus.

Bestürzt machte ich mich auf den Rückweg. Als ich auf die A 23 in Richtung Hamburg auffuhr, stand da wie aus dem Nichts ein riesiges Schild, das alles überragte. Auf ihm stand in schwarzen Buchstaben:

Ich halte dich
– Gott.

Das nahm ich als persönliche Antwort Gottes auf meine Gebete für die Rückreise. Ich durfte nun auch wissen: Er wird meine Margret *halten*. Ich weiß nicht mehr, ob ich meiner Frau gleich nach meiner Rückkehr davon erzählte, dazu waren die Krankheitssymptome und Gedanken zu bedrückend. Im Krankenhaus wurde uns dann mitgeteilt, dass die OP gleich zu Wochenbeginn stattfinden sollte.

Es ging alles unglaublich schnell. Dennoch war ich so dankbar, dass ich Margret nach der sechsstündigen OP auf der Intensivstation besuchen durfte. Alles war soweit gut verlaufen. Dabei erinnerte ich mich wieder an die Zusage auf dem Autobahnschild.

Ich halte dich
– Gott.

Ein Jahr später, 2013, fuhren wir beide mit dem Auto an diesem Plakat vorbei. Es war wunderbar, meiner Frau die Geschichte dazu erzählen zu dürfen. Wie schnell doch dieses Jahr vergangen war, wie kostbar wir diese Zeit empfunden hatten und wie sehr wir uns von Gott gehalten fühlten. All das durften wir uns erzählen, all das machte uns so viel Hoffnung.

Doch leider ließen sich die Krebszellen nicht von einer OP aufhalten. Das wurde ein Jahr später festgestellt. Es war auch das Jahr, in dem wir beide unseren 70. Geburtstag feiern wollten. Wir hatten vor, diesen Geburtstag besonders zu begehen. Und dann sagte uns die leitende Ärztin, die Margret schon lange kannte, sie würde zur weiteren Behandlung eine Chemotherapie vorschlagen.

Margret war entsetzt, verängstigt und voller Sorge. Sie wollte keine Chemotherapie, weil sie davon überzeugt war, dass sie diese nicht überstehen würde. Ich durfte bei diesem langen und intensiven Gespräch dabei sein. Die Ärztin riet uns, dass Margret sich zur Palliativbehandlung anmelden sollte. Genau das taten wir dann auch gemeinsam. Danach ging unser Alltag nach außen völlig normal weiter, aber in unserem Inneren tobte es. Warum ließ Gott zu, dass dieser Krebs wieder zurückkehrte? Warum?

Für Gott ist es ein Leichtes, auch diesmal den Krebs zu beseitigen. Das wussten wir beide. Warum passierte nichts? Warum raubte er uns wieder alle Hoffnung? Doch all unsere Warum-Fragen brachten uns nicht weiter und so gingen wir beide wieder ins Gebet. Allerdings jeder für sich. Margret konnte zu diesem Zeitpunkt nicht mit mir gemeinsam beten.

Ich war so dankbar, dass wir so viele Mitbeter in unserer Gemeinde hatten. Außerdem hatten wir stets die Möglichkeit, nach dem Gottesdienst Zeugnisse und Gebetsanliegen vorzutragen. Diese Chance nutzte auch ich und das tat meiner Seele gut. Eine andere sehr schöne, tröstende und kraftgebende Möglichkeit war, dass die Ältesten der Gemeinde zu uns nach Hause kamen und für Margret beteten. Das gab Margret und auch mir einen tiefen inneren Frieden.

Und tatsächlich feierten wir unseren 140. Geburtstag, wozu wir unsere große Familie und besonders liebe und langjährige Freunde eingeladen hatten. Jeder wusste um Margrets Krankheit und dennoch hatten wir eine sehr liebevolle und schöne Geburtstagsfeier.

Eine besondere Freude machte uns unser Pastor, der zu uns nach Hause kam und für uns den Psalm 121 ausgewählt hatte. Er handelt davon, dass das Volk Israel auf dem

Weg zum Tempel in Jerusalem ist und um den Schutz Gottes weiß und ihn dort anbetet. Ein sehr berührender Psalm. Das Besondere daran war, dass Margret diesen Psalm einmal selbst abgeschrieben und an die Stelle des Wortes Israel ihren eigenen Namen eingesetzt hatte. So wurde daraus ein ganz und gar persönlicher Psalm, der in ihrem Zimmer stand.

Später habe ich diesen Psalm sogar noch einmal abgeschrieben und Margrets und meinen Namen an die Stelle Israels eingesetzt. So ein tröstlicher Psalm, wir waren uns wieder ganz sicher, dass unser Satz zutrifft:

Ich halte dich
– Gott.

Wir spürten immer mehr, wohin der Weg von Margret führte: zum Vater im Himmel, der für jedes seiner Kinder eine Wohnung bereithält. Es mag Menschen geben, die dies nur als eine Vertröstung auf das Jenseits sehen. Margret und ich und viele andere wissen und glauben, dass unser Schöpfer und Vollender keine leeren Versprechungen macht. Er wird uns nie enttäuschen, denn er kann sich nicht untreu werden.

Und dennoch betete ich weiter und hoffte auf ein Wunder. Ich wusste, dass es für Gott möglich wäre. Als unser Sohn im Juli Geburtstag hatte, kamen alle unsere Kinder zu uns nach Hause. Margret war zwischenzeitlich in mein Zimmer umgezogen, was den Vorteil hatte, dass sie nun ganz nahe an dieser lebendigen Geburtstagsfeier teilnehmen konnte. An diesem Tag sprach meine liebe Frau mit jedem einzelnen von unseren Kindern und sie nahmen auf diese Weise voneinander Abschied. Ihr war es sehr wichtig, dass sie mit allen Frieden hatte, auch mit mir.

Täglich kam nun jemand von der Palliativstation bei uns vorbei. Die Mitarbeiter waren sehr einfühlsam und bemüht. Das half mir, mit der Situation einigermaßen umgehen zu können. Falls die Schmerzen meiner Frau zu stark wurden, konnte ich ihr sogar mit einer Spritze helfen. So konnte auch ich meinen Teil dazu beitragen, dass Margret nicht zu sehr litt. Das Palliativteam war mir eine große Stütze, denn sie kamen auch nachts, wenn ich nicht mehr weiterwusste.

Schließlich musste ich in einer Nacht im August wieder das Palliativteam anrufen, weil Margret sehr unruhig war. Die Mitarbeiterin, die dann kam, blieb bei uns, bis Margret an diesem Tag verstarb. Ich kann gar nicht in Worte fassen, wie gut mir dieser Mensch tat, wie göttlich ich es empfand, in diesen schweren Stunden eine erfahrene Sterbebegleiterin an meiner Seite zu haben.

Vielleicht ließ mich diese Erinnerung an dem Stand des Elim-Hospizdienstes anhalten? War es das, was mich zu diesem außergewöhnlichen Stopp auf meiner Wegstrecke verleitete? Mir fiel wieder mein Autobahnplakat ein. Hatte ich nicht in dieser schweren Zeit die ganze Zeit das Gefühl, dass genau diese Zusage zutraf:

Ich halte dich
– Gott.

Was wäre, wenn sterbenskranke Menschen diese Botschaft erhalten könnten? Was wäre, wenn ich ihnen davon erzählen würde? Was wäre, wenn ich diese großartige Hoffnung auf ein ewiges Leben verbreiten dürfte?

Weil Gott mein Herz vorbereitet hat, konnte ich Ja zu diesem Ehrenamt sagen. Früher hätte ich mir nicht vorstellen können, einmal ein Hospizbegleiter zu werden, doch die Ausbildungen und Schulungen halfen mir sehr und die Gewissheit, dass mich Gott höchstpersönlich in dieses Amt berufen hat.

Er geht diesen Weg mit mir, obwohl er oft mit unerwarteten und unerwünschten Wendungen und Stopps aufwartet. Aber ist es nicht genau das, was das Leben uns immer wieder schenkt? Trost im Leid und diese großartige Hoffnung auf ein wundervolles Leben irgendwann bei unserem himmlischen Vater. Und ich darf als ehrenamtlicher Hospizbegleiter meinen kleinen Teil der Hoffnung verbreiten.

Uwe Preuss

Uwe Preuss lebt in einem kleinen Ort in Niedersachsen. Er ist seit 2014 als ehrenamtlicher Hospizbegleiter im Einsatz. Sein kleines Geschäft betreibt mittlerweile sein Sohn, sodass er auch mal zum Ausspannen an die See fahren darf. Hin und wieder geht's aber auch in den Süden Deutschlands zu seinen Enkelkindern nach Heidelberg.

Foto: © privat

Mefi-Boschet – eine beinahe unglaubliche Geschichte

Hi, ich bin Mefi-Boschet. Seit meinem fünften Lebensjahr bin ich gelähmt. Nur bruchstückhaft kann ich mich an den Unfall erinnern. Es ging alles so schnell. Meine Kindheit war bis dahin wunderbar. Ich bin der Sohn von Jonathan. Dem Jonathan, von dem die Bibel im ersten Buch Samuel erzählt und der ein Sohn von König Saul war. Ich hatte in meiner Kindheit alles, was du dir vorstellen kannst. Ich durfte in einem Palast wohnen und wurde wie ein Prinz behandelt.

Die Person, an die ich die intensivsten Erinnerungen habe, da sie immer bei mir war, war meine Amme. Sie war meine Ernährerin, meine Aufpasserin, meine Trösterin und meine Ermutigerin. Ich weiß noch ganz genau, wie ich abends auf ihrem Schoß saß und sie mir vor dem Einschlafen Geschichten erzählte. Es war wunderbar. Nachts, wenn ich nicht schlafen konnte, tröstete sie mich in ihren Armen.

Die Welt außerhalb des Königspalastes war eine andere. Es war eine grausame Welt. Ich wusste, dass mein Vater und mein Opa große Kriege führten und immer unterwegs waren. Aber so richtig habe ich damals nicht verstanden, was Krieg bedeutet.

Dann kam die Nacht, die alles veränderte. Ich schlief tief und fest, als meine Amme mich plötzlich aus dem Bett riss. Sie wirkte aufgelöst und hektisch, gar nicht so ruhig wie sonst. Ich war noch sehr schlaftrunken, als sie mich ankleidete und mir befahl, ganz still zu sein. Tatsächlich ließ ich alles stumm über mich ergehen.

Ich war zu müde, um auf meinen eigenen Beinen zu stehen, geschweige denn, um einen Fuß vor den anderen zu bekommen. Meine Amme wurde ungeduldig. Das kannte ich nicht von ihr, doch ich spürte ihre Angst. Als ich mich nicht bewegte, riss sie mich hoch und rannte mit mir los. Ich versuchte, mich so gut ich konnte, an ihrem Hals festzuklammern. Was dann geschah, weiß ich nicht mehr. Es knackte, ein Schmerz durchzuckte mich und es wurde schwarz um mich.

Später erzählte mir meine Amme, dass mein Vater und mein Großvater beide im Krieg in Jesreel gestorben waren. Nun war unser Volk ohne König. Der einzige Thronfolger, den es noch gab, war ich, ein Kind – wenn es da nicht David gegeben hätte.

David war ein großer König, ein sehr großer und mächtiger König, der mit meinem Großvater Saul im Streit lag. Und meine Amme hatte berechtigte Angst, dass man mich

sofort umbringen würde, sobald man die verwandtschaftli-
chen Verhältnisse kennen würde. Als Enkel von König Saul
war ich Davids Konkurrent.

Deshalb floh sie in dieser Nacht heimlich mit mir auf
dem Arm, wobei sie jedoch stürzte, was dazu führte, dass
ich mich verletzte und meine beiden Beine gelähmt waren.
Ich musste fortan getragen werden. Solange ich ein kleiner
Junge war, war es verhältnismäßig leicht, mich von einem
Ort zum anderen zu tragen, doch ich wurde älter, größer
und schwerer. Dazu war da die ständige Angst, ja nicht auf-
zufallen. Niemand durfte wissen, wer ich wirklich war. Nach
vielen wechselnden Aufenthaltsorten fand meine Amme
schließlich eine Bleibe für uns im Hause Machirs, des Sohnes Ammiëls, aus Lo-Dabar.

Da wohne ich seitdem und es vergeht kaum ein Tag,
an dem ich nicht daran denken muss, was sein wird, wenn
David mich irgendwann entdeckt. Ich wäre nicht der Erste
in meiner Familie, der von den Feinden meines Großvaters
und damit auch meines Vaters ermordet wurde – jedoch
nicht von König David, da muss ich fair bleiben.

Zwar lebe ich und bin meiner Amme dankbar, dass sie
den richtigen Instinkt hatte mich zu retten, aber ich muss
auch zugeben, dass mir mein Leben ohne funktionstüch-
tige Beine immer schwerer fällt. Nächtelang habe ich schon
mit Gott gerungen, warum er mir dieses Schicksal zumutet.

Es gab Nächte, da wollte ich einfach nur noch sterben. Mein Name, Mefi-Boschet, ist kein besonders schmei-
chelhafter Name. Frei übersetzt bedeutet er so viel wie

„Schande". Ich war eine Schande. Ein Mensch, der immer auf die Hilfe anderer angewiesen sein würde. Eine Last für andere.

Wie ein Wunder erschien es mir da, dass sich für mich eine Frau interessierte. Dass sie sich in mich verliebte. Ich bin so dankbar und genieße es täglich, dass sie an meiner Seite ist. Sie und mein über alles geliebter Sohn Micha. Er ist mein ganzer Stolz. Mein Herz geht auf, wenn ich Micha beim Spielen zusehen und ihm abends vor dem Schlafengehen Geschichten erzählen darf. Ich hoffe so sehr, dass mein Sohn in Frieden aufwachsen darf. Natürlich habe ich Angst, dass jemand herausfinden könnte, wer er wirklich ist, der Urenkel von König Saul. Behüte uns Gott davor.

Und dann passiert doch das Unfassbare. Plötzlich stehen bei uns vor dem Haus Abgesandte König Davids und lassen mich von Lo-Dabar zum königlichen Hof holen. König David selbst will mich sprechen. Ich zittere vor Angst. David ist ein großer König geworden. Ein gerechter, aber auch einer, der nicht lange zögert zu handeln, das wusste ich. Deshalb hatte ich mich all die Jahre auch versteckt gehalten.

Ich bin mir sicher, dass nun meine letzten Stunden geschlagen haben. Ich weine um meinen Sohn und meine Frau, die ich allein zurücklassen muss. Was wird mit ihnen geschehen? Als ich schließlich vor König David gebracht werde, falle ich auf die Knie. Versuche mich so klein wie möglich zu machen, am besten ganz zu verschwinden. Mich klein machen hatte ich schließlich besser gelernt als alles andere. Ich war mir sicher, dass in den nächsten Sekunden sein Schwert über mich niederbrausen und er mich töten würde.

So liege ich vor ihm auf dem Boden. Jede Sekunde damit rechnend, dass dies mein letzter Atemzug sein wird. Doch dann spüre ich seine Hand auf meinem Kopf und David spricht mich an: „Fürchte dich nicht, denn ich will um deines Vaters Jonathan willen Barmherzigkeit an dir tun und will dir den ganzen Besitz deines Vaters zurückgeben. Du aber sollst täglich an meinem Tisch essen."

Hätte ich nicht schon auf dem Boden gelegen, wäre ich jetzt glatt umgefallen. Mir, Mefi-Boschet, dem Krüppel, dem verachteten Nachkommen Sauls, sollte so eine große Ehre zukommen? Fassungslos stammele ich: „Wer bin ich, dein Knecht, dass du dich wendest zu einem toten Hund, wie ich es bin?"

Statt einer Antwort ruft David seinen Knecht Ziba, denjenigen, der die Ländereien meines Großvaters Saul verwaltet. Wäre ich nicht dabei gewesen, hätte ich selbst nicht geglaubt, was mir passiert ist. David sagt zu Ziba, dass alles, was meinem Großvater gehörte, nun mir gehören würde. Ziba würde mit seinen Söhnen und den Knechten die Ernte einbringen und verwalten, aber mir würden die Einkünfte gehören.

Und dann kommt noch der allerbeste Satz. Ich, Mefi-Boschet, die lebende Schande, soll ab nun täglich an seinem Tisch sitzen, so, als wäre ich einer seiner Königssöhne.

Halleluja, preist den Herrn!

Kann sich irgendjemand vorstellen, wie sich das anfühlt? Mein ganzes Leben kannte ich nur Furcht, Angst und Ausgrenzung. Als Krüppel war ich gesellschaftlich abgestempelt und nun plötzlich wendet sich das Blatt?

Jetzt möchte ich nur noch zu meiner Frau und zu meinem Sohn. Sie sollen diese unglaublich gute Nachricht sofort hören und mit mir feiern.

Gott hat uns nicht vergessen. Es lebe die Hoffnung!

Simone Heintze
(nach 2. Samuel 9,1–13)

Du bist stark!

Bist du schon einmal **mit Applaus** aufgestanden,
bist einhergegangen
mit Freude über dich selbst,
mit Lob und Anbetung für den,
der dich so **schön und stark** auf den Boden gestellt?

Du darfst feiern,
und zwar dich,
viel zu selten traust du dich.
Einmal im Jahr an deinem Geburtstag ...

Der, der dich gemacht, feiert dich jeden Tag.

Ja nicht nur das –
er freut sich und jauchzt jedes Mal, wenn er an dich denkt.
Ist das nicht **Grund genug**, in Demut zu verfallen und **völlig
sprachlos** zu sein?

Über die Kostbarkeit deines Lebens – **er hat dich erwählt!**
Nicht nur, damit du dich „seine Königstochter" nennst,
nein, ich muss gesteh'n, das Wort widerstrebt mir.

Königstochter – als ob hier nur Prinzessinnen rumlaufen
und sich schöne Kleider kaufen,
auf irgendwelche Prinzen warten
und Trost in Papas Armen brauchen.

Nein, so will ich mich nicht bezeichnen. Und für dich hab
ich auch eine Idee.
Wie wär's mit:
Du bist eine Kriegerin,
eine Kämpferin,
eine Siegerin.

Du kämpfst jeden Tag mit schlechten Gedanken über dich
selbst.
Du bist im Krieg mit Lügen, Anfechtung und dem,
was dir den **Frieden** weghält.

Und doch stehst du jeden Morgen auf,
sprichst dir selbst **Affirmationen** zu:
Ich bin gut.
Ich bin genug.
Ich bin geliebt.
Und du übst diese Sätze so lange, bis du sie einst glaubst.

Wie wäre es, wenn du stattdessen lernst, wie du bist,
damit du es nicht mehr vergisst,
sondern weißt und dann nicht mehr nur dran glauben musst?

1 + 1 ist zwei,
das weißt du, weil du es einst gelernt hast und jetzt nicht
mehr nur glauben musst.

Wenn du lernst, zu dir zu sagen:
Ich bin **stark.**
Ich bin **mutig.**
Ich bin **furchtlos.**
Ich bin **frei.**

Voller **Kampfgeist** und Ideen, voller Güte und Visionen.
Voll makelloser Schönheit.

Ich steh für mich ein.
Ich weise Lügen von mir.
Ich mache mich nicht klein,
denn ich bin eine **Siegerin.**
Ich trage **keinen Blumenstrauß**,
sondern den **Siegeskranz auf meinem Haupt**.

Eine Stadt, die auf dem Berg liegt,
kann nicht verborgen bleiben.
Er hat dich **erwählt.**
Er hat dich **erhöht.**

Er hat dich bei deinem Namen gerufen.
Du. Bist. Sein.

Warum stellst du dein Licht unter den Scheffel?
Warum schaust du denn zu Boden, wenn du hörst:
„Du bist so schön."

Warum sagst du nicht:
"I know",
sondern eher:
„Do you think so?"

Warum sagst du nicht:
„DAS liebe ich an mir",
sondern: „Ich? Nein, so bin ich nicht."

Sag: **„Ich feier mich**, das kann ich gut.
Schön, dass du das auch so siehst."

Probier's mal aus, schau, was passiert.
Stubs den ersten Dominostein,
bring ihn ins Rollen
und dann schau
mit Wohlwollen,
wie die Steine der **Ermutigung und Erfrischung,**
andere
wie eine **göttliche Mischung**
überschütten –

wie eine Lawine
voller Kraft, Energie und Liebe.

Wie wäre es, wenn du deinen Tag mit einem Applaus beginnst?
Dich nur auf **deinen Schöpfer** besinnst,
sein Werk bestaunst und dann **laut rausposaunst**:

Ich bin „stark".
Ich bin **mutig.**
Ich bin **furchtlos.**
Ich bin **frei.**

Denn du hast mich,
verliebt ins Detail,
gemacht nach deinem **Ebenbild.**

Und siehe da,
es überquillt
in mir:
das Fass voll Freude, Kraft und Mut.

Und dann, ja dann wird der Tag gut – denn
nun **bist du die Art von Frau**, bei der der Teufel – ach morgens schon – ins Zittern gerät und sagt:
„OH NEIN! Sie ist jetzt wach."

Alwina Werwai

Dieser Poetry Slam – auch auf YouTube:

Foto: © Janina Wirth,
Lichfischer Fotografie

Alwina Werwai ist Mutter von fünf Kindern und „Energieversorgerin", denn sie liebt es, zu ermutigen, Klartext zu sprechen und in Herausforderungen ihre Stimme zu erheben. Selbstbestimmung und Selbstliebe schöpft sie aus Jesus – ihrer großen Liebe.
2015 hat sie sich als Hair & Make-up Artist selbstständig gemacht und lebt seither den Traum, Menschen äußerlich schön zu machen und die innere Schönheit zu stärken. Dafür ist sie auch zu Werbekampagnen, Fotoshootings, Videoproduktionen, Brautstyling und für den Sender ERF unterwegs. Mehr findest du unter alwinawerwai.com oder auf Insta: alwina.werwai

Gott verwandelt
Trauer in Frieden

Es liegt eine unerklärliche Kraft und Hoffnung in manchen Bibelversen. Zuerst sind es eigentlich nur Buchstaben, manchmal nur Worte, aber je nach Situation werden sie lebendig, legen sich um mein Herz, wärmen, lieben, trösten. Solche Sätze sind für mich die Verse 8 und 9 aus dem alten Buch des großen Propheten Jesaja in Kapitel 55:

„Meine Gedanken – sagt der Herr – sind nicht zu messen an euren Gedanken und meine Möglichkeiten nicht an euren Möglichkeiten. So hoch der Himmel über der Erde ist, so weit reichen meine Gedanken hinaus über alles, was ihr euch ausdenkt, und so weit übertreffen meine Möglichkeiten alles, was ihr für möglich haltet" (GNB).

Wenn ich dies lese, dann kann ich ruhig sein. Denn es bedeutet: Ich muss ihn nicht verstehen, aber er darf Gott sein in meinem Leben, mit aller Konsequenz und mit allen seinen Plänen.

Ich weiß noch genau, dass es eine reine Kopfsache war,

damals vor einigen Jahren. Aber diese Entscheidung brachte Licht in mein Leben, Ruhe und Frieden. Etwas, das ich mir schon sehr lange gewünscht hatte. Langsam und zart knüpfte ich das Band zu Gott. Schon als Kind war er mein Vater, immer für mich da. Er sah mich und kümmerte sich um mich. Und jetzt als erwachsene Frau bleibt er auch weiterhin mein geliebter Vater. Ich an seiner Seite, er an meiner. Er, der Mittelpunkt meiner Familie mit Marcus und meinen beiden Söhnen Marc und David. Er, der Wegbereiter und Hoffnungsgeber. Er, der eine Zukunft vorbereitet, wie wir sie uns erhoffen. Mein geliebter Vater.

In den tiefsten Stunden meines Lebens sah das ganz anders aus. Damals gab es nur diesen unbeschreiblichen Schmerz. Tiefe Trauer und die ungestillte Sehnsucht nach meinem Kind. Und da war diese Endgültigkeit, die ich nicht fassen konnte: Nie wieder werde ich Nico in diesem Leben sehen. Er war von uns gegangen. Mein Herz war schwer, wenn ich schlafen ging, wenn ich aufwachte – permanent.

14 Monate war er bei uns und von seinem ersten Tag an hat er kämpfen müssen. Gleich an seinem ersten Lebenstag musste er zweimal operiert werden und war danach über 100 Tage im Krankenhaus, bevor wir ihn das erste Mal mit nach Hause nehmen durften. Zehn Operationen in 14 Monaten. Keine einzige „normale" Mahlzeit, nur Spezialnahrung, keine zwei Stunden Schlaf am Stück, kein „normales" Wickeln wegen seines künstlichen Darmausganges und anderer Fehlbildungen. Unser Sohn Nico wurde mit

einem offenen Bauch und einem offenen Rücken geboren. Es war ein tägliches Bangen um sein Gewicht. Mit 14 Monaten wog er noch immer weniger als 5 Kilogramm.

Sein Leben – ein täglicher Kampf. Jeden Morgen neu die Hoffnung, dass es gute Nachrichten gibt. Stattdessen ein Rückschritt nach dem anderen, eine weitere Notfall-Operation. Der Vater eines schwer kranken Kindes beschrieb diese Zeit sehr treffend für mich: „Es war ein emotionaler Albtraum und ein geistliches Minenfeld."

Jetzt verstand ich Gott überhaupt nicht mehr. Jeder menschliche gute Papa hätte sich das nicht angesehen, wie mein kleiner Sohn litt. Aber Gott, der alle Macht hat, tut nichts? Hunderte Menschen beteten, unser Pastor kam auf die Intensivstation, salbte unser Kind und betete und es passierte nichts. Es kamen nur weitere Rückschläge.

„Ihr Kind nimmt aber auch alles mit", waren die Worte einer Ärztin, als sie ins Krankenzimmer kam. Ich war zerbrochen.

Gott, du machst dich lächerlich, dachte ich. Irritiert und in ängstlicher Anspannung machte ich weiter. Ich funktionierte, so gut es ging.

Mit jedem Monat, der verging, zeichnete es sich deutlicher ab: Nico nahm nicht zu und seine Schmerzen wurden größer. Es tat weh, diese Wahrheit zuzulassen. Nach vielen Gesprächen und inneren Kämpfen entschieden wir, Nico loszulassen und keine lebensverlängernden Maßnahmen einzuleiten. Das war hart. Ich hatte das Gefühl, das Todesurteil meines Kindes zu unterschreiben.

Als wir einem befreundeten Arzt davon erzählten, sagte er: „Ihr entscheidet nicht über Leben und Tod. Das macht immer noch Gott. Ihr entscheidet nur über die Art der medizinischen Versorgung."

Ich spürte, wie mir danach ein schwerer Stein von der Seele genommen wurde.

Mit 14 Monaten starb Nico. Eine ganze Nacht lang kämpfte er. Wir saßen alle zusammen mit ihm in unserem Wohnzimmer: Familie und Freunde und unser Kinderarzt. Am Morgen gegen 8 Uhr nahm Jesus ihn zu sich. Er schlief friedlich ein und zum ersten Mal war sein Gesicht entspannt. Die Sonne ging auf und strahlte auf sein Gesicht. Mein Junge war endlich schmerzfrei. Ich war dankbar, dass Gott ihn zu sich genommen hatte. Der Schmerz war nun nicht mehr auf seiner Seite.

Jetzt musste ich mit meinem Schmerz fertigwerden. Ich war völlig erschöpft und innerlich verwundet. All diese Erinnerungen an schmerzvolle Stunden und Momente, in denen ich hilflos danebenstand. Und Gott hat nichts dagegen getan!

An der Beerdigung schenkte mir jemand ein kleines Trost-Büchlein mit Zitaten und Bibelversen. Beim Durchblättern stieß ich auf den Vers aus Jeremia 31,13: „Ich will ihr Trauern in Freude verwandeln und sie trösten und sie erfreuen nach ihrem Kummer."

Das traf mich, ich spürte, wie Gott zu mir sprach. Ganz deutlich wusste ich: Das ist seine Zusage für mich. Aber Trauer in Freude verwandeln, wie sollte das denn gehen?

„Das ist total unlogisch, Gott. Das sind Gegensätze!", sagte ich ihm. Ich glaubte nicht dran, aber es ließ mich auch nicht los.

Ich wusste nicht, wie ich meine Beziehung zu Gott weiterleben konnte, denn ich war von ihm einfach unglaublich enttäuscht. Bei einem Spaziergang fragte ich ihn: „Wie kann ich damit weiterleben?"

Und prompt kam die Antwort. Ich hörte keine Stimme, aber ich hatte einen ganz klaren Gedanken: „Nimm an, dass das zu deinem Leben dazugehört und lass mich Gott sein."

Wow – darüber musste ich erst mal nachdenken. Es vergingen ein paar Tage, und dann teilte ich Gott meine Entscheidung mit: „Ich sage Ja dazu, und du darfst Gott sein in meinem Leben. Ich werde nicht mit dir hadern."

Das war eine reine Kopfsache, mein Herz blutete immer noch. Ich hatte auch keine Ahnung, wie diese Beziehung zu Gott wieder heilen konnte. Mein Vertrauen in ihn war erschüttert und zerbrochen. Aber ich hielt mich an das Versprechen, dass er Gott sein darf in meinem Leben. Das bedeutete für mich, dass ich ihn nicht verstehen musste. Und da begriff ich die Tiefen, die er in Jesaja 55,8–9 beschreibt.

Die Jahre vergingen. An besonderen Tagen fuhren wir als kleine Familie zu Nicos Grab. Wir zündeten eine Kerze an, gossen die Blumen und beteten. Während der Gebete merkte ich, wie meine Gedanken sich sortierten: Ich hatte eine tiefe Vorfreude, Nico im Himmel wiederzusehen. Und gleichzeitig tat es mir gar nicht mehr weh. Doch ich traute mich noch nicht, zu fühlen, was in Jeremia steht: *„Ich will ihr Trauern in Freude verwandeln."*

Aber irgendwann ist Gott tatsächlich zum Ziel gekommen. Ein tiefer Friede hüllte mich ein und gleichzeitig eine Dankbarkeit, dass ich Nicos Mama sein darf. Vor meinen Augen tollten zwei kleine Jungs über das Grab ihres großen Bruders, der schon im Himmel auf sie wartet.

Zehn Jahre nach Nicos Tod, an meinem 40. Geburtstag, hat sich ein weiterer Knoten gelöst. Vier meiner engsten Freunde sagten mir unabhängig voneinander, dass ich Gott vertraue. Jeder auf seine Weise und unabhängig voneinander. Keiner wusste vom anderen. Ich hörte Sätze wie:

„Du hast ein Urvertrauen in Gott …"

„Du vertraust Gott …"

Und meine Freundin schrieb mir den Vers aus 2. Timotheus 1,5 in ihre Geburtstagskarte und dazu: „Ich sehe in dir den Glauben deiner Mutter …"

Am Abend dieses Tages saß ich im Wohnzimmer und dachte noch einmal über die letzten Stunden nach. Da zeigte Gott mir diesen roten Faden und sprach ganz leise zu mir: „Merkst du nicht, ich habe dir den Glauben wieder geschenkt. Du konntest es nicht machen, aber du hast Ja zu mir gesagt."

Heute kann ich Gott wieder von ganzem Herzen anbeten. Er hat mein Herz vollständig geheilt. Ich liebe ihn, und ich vertraue ihm.

Nelli Walter

Nelli Walter, geboren am 7.10.1978, ist verheiratet mit Marcus. Zusammen mit ihren zwei Söhnen leben sie in Gummersbach. Nelli ist mit ganzem Herzen Grundschullehrerin.

Foto: © privat

Gute Migräne

Ein Dienstag im Oktober 2022. Mein Jüngster ist schon mit Kopfschmerzen ins Bett gegangen, und leider ließ der Schlaf sie nicht verschwinden, denn am anderen Morgen sind die Schmerzen genauso heftig wie am Abend. Also wird er nicht in die Schule gehen und ich nicht ins Büro fahren. Ich zögere noch, was ich mit unserer Tagesmutter mache. Eigentlich hätte sie meinen Sohn von der Schule abgeholt. Vielleicht könnte sie einfach zu uns kommen und ein bisschen mit ihm spielen und ich in der Zeit am Schreibtisch sitzen. Schlussendlich befinde ich aber, ich gebe ihr frei. Mein Sohn ist schließlich kein Baby mehr und ich kann auch in seiner Anwesenheit hier zu Hause ein paar Stunden arbeiten.

Die Tagesmutter nutzt die Gunst des unerwartet freien Nachmittags, um ihren erwachsenen Sohn im Krankenhaus zu besuchen. Es ist ein schöner sonniger Nachmittag, sodass sich beide draußen auf eine Bank setzen, die milde Luft genießen und noch ein paar Herbstsonnenstrahlen einfangen können. Und dann wird ihr ohne Vorwarnung plötzlich schwummerig, sie kann es gerade noch verbalisieren, bevor sie im nächsten Moment ihrem Sohn quasi vor die Füße kippt.

Ihr Sohn schreit zu Tode erschrocken um Hilfe, denn er ist aufgrund einer Knie-OP nur eingeschränkt bewegungsfähig. Eine Cafeteria-Mitarbeiterin, die eben Feierabend gemacht hat und schon auf dem Weg nach Hause ist, hört ihn und kommt gelaufen. Sie erinnert sich, was sie im Erste-Hilfe-Kurs gelernt hat. Kein Puls, keine Atmung. Beherzt greift sie ein, und es gelingt ihr, unsere liebe Tagesmutter zurück ins Leben zu holen.

„Jetzt weiß ich wenigstens, warum auch wir vom Service regelmäßig diese Schulungen machen", sagt sie.

Ein Rettungswagen wird bestellt und unsere Tagesmutter ins nächste Akutkrankenhaus gefahren. Eine Woche später wird ihr ein Herzschrittmacher eingebaut. Normalerweise wäre sie an diesem Dienstagnachmittag um diese Zeit mit meinem Jüngsten im Auto unterwegs gewesen.

Als sie mir am Telefon von ihrem Kollaps erzählt, habe ich Gänsehaut. Ich mag mir nicht ausmalen, was hätte sein können. Wir sind so froh, dass sie noch da ist. Dass Gott es so gut gefügt hat.

Mein Jüngster schaut mich an und sagt: „Also war meine Migräne gut?"

„Ja, mein Kind", antworte ich, „genauso war es. Manchmal ist eine Migräne ein echtes Geschenk des Himmels."

Julia Fiedler

Das große Zittern

Wir schreiben das Jahr 2009. Eines Morgens werde ich wach. Mein ganzer Körper zittert. Ich dusche. Versuche mich anzuziehen. Das ist schwierig, aber ich bekomme es hin. Das Kaffeetrinken wird jedoch zum Problem, denn meine Hände können die Tasse nicht richtig greifen. Was ist los? Ich versuche mich zu konzentrieren, aber es hilft nichts. Irgendwann beruhigt sich mein Körper, aber das Zittern verschwindet nicht mehr, stattdessen habe ich eher den Eindruck, dass es zunimmt.

Die nächsten Tage und Wochen sind geprägt von Unsicherheit und Angst. So gut es geht, versuche ich das Zittern zu verstecken. Ich meide Situationen, in denen ich es zeigen muss. Kontakte schränke ich ein und trotzdem falle ich auf. Es dauert nicht lange, bis mich nicht nur meine Familie anspricht. Auf der Straße bekomme ich üble Kommentare ab wie: „Wird wohl Zeit für den nächsten Schnaps." Und das ist noch einer der netteren.

Nachdem ich aufgrund meines andauernden Zitterns schon einige Kilo an Gewicht verloren habe, gehe ich zu meinem Hausarzt. Wir haben schon lange eine gute Beziehung. Da auch mein Vater, wenn auch nur hin und wieder, ein leichtes Zittern in seinen Händen hat, äußert er einen spontanen Verdacht. Es könnte sein, dass ich an einem sogenannten *essentiellen Tremor* leide. Für mich sind das zwei Worte, die mich aggressiv machen. Ich habe einen Freund, der an dieser Krankheit leidet, und ich weiß, sollte ich tatsächlich betroffen sein, geht das nicht mehr weg.

Wo bist du, Gott? Warum tust du mir das an? Und warum bekomme ich das jetzt, wo ich noch nicht einmal die Schwelle der 40 überschritten habe?

Ich bekomme eine Überweisung und möchte, obwohl ich in Gießen wohne, in die Neurologie des Universitätsklinikums Köln, genauer gesagt in die Ambulanz für Bewegungsstörung, gehen. Diesen Tipp habe ich von Torsten bekommen, meinem ebenfalls betroffenen Freund.

Bis zu meinem Termin gilt es noch einige Wochen durchzuhalten. Ich versuche, mich abzulenken. Das gelingt mir nicht so gut. Als ich mit meinem Sohn ins Theater gehe, fragt mich eine Frau, die neben uns sitzt, ob es mir nicht peinlich sei, drogenabhängig zu sein und ein Kind zu haben. So auffällig ist das Zittern inzwischen.

Mir fehlen die Worte, um adäquat zu antworten. Zunehmend reagiere ich dünnhäutig und aggressiv. Auch zu Hause mute ich meiner Familie einiges zu. Schließlich schickt mich meine Frau zu Frerk, einem guten Freund, den ich erst spätabends in einer Kneipe treffen kann, da er Schauspieler ist und lange Proben hat.

Ich bin eher da als er. Drinnen sind schon einige andere Schauspieler, die ich ebenfalls kenne. Zitternd gehe ich rein. Da kommt Frerk, der nicht weiß, was mit mir los ist. Er nimmt mich in den Arm, führt mich souverän an den anderen vorbei und sagt nur: „Sorry, Leute, heute habe ich ein Privat-Date mit Harry." Dann hört er sich meine Geschichte und vor allem mein Gefühlschaos an. Er ist einfach da. Das gibt mir Hoffnung. Und ein Stück meines Vertrauens zurück.

Endlich kommt der Tag meiner Untersuchung in Köln. In der Klinik wartet der junge und zugewandte Assistenzarzt Dr. D. auf mich. Er nimmt sich viel Zeit und gibt mir den Eindruck, als sei er nur für mich da und hätte nichts Weiteres zu tun. Als nach unzähligen Tests und Untersuchungen die vermutete Diagnose tatsächlich bestätigt wird, stellt er einen Behandlungsplan auf und gibt mir ein Versprechen, dessen Bedeutung ich erst in den folgenden Jahren begreifen werde: „Von jetzt an müssen Sie nicht allein da durch. Ich bin an Ihrer Seite und werde auch ganz genau da bleiben."

Mein Zittern wird nicht sofort besser. Genau genommen dauert es eine ganze Weile, bis sich an der Zitterfront etwas verändert. Aber dieses Versprechen gibt mir sofort Hoffnung. Ich empfinde das, was in Sprüche 25,11 steht: „Ein Wort, geredet zu rechter Zeit, ist wie goldene Äpfel auf silbernen Schalen."

Nach der Verabschiedung von Dr. D. traue ich mich in ein Café. Ich bitte darum, mir einen Espresso in einer großen Tasse zu servieren und dazu zur Feier des Tages ein Stück Käsekuchen. *Danke, Gott, für dieses neu geschenkte Vertrauen.* Von diesem Moment an habe ich gelernt, mich wieder gerne in der Öffentlichkeit aufzuhalten, zitternd essen zu gehen bezeichne ich nun als Erlebnisgastronomie. Wenn mich jemand auf meine Bewegungsstörung anspricht, dann erzähle ich ihm gerne davon, was ein *essentieller Tremor* ist, nämlich eine Bewegungsstörung, die viel häufiger vorkommt als Parkinson, nicht ansteckend ist, aber lästig und im Alltag ganz schön nerven kann. Und vor allem berichte ich gern von Dr. D.

Der hält sein Versprechen über all die Jahre hinweg. Ich habe stets seine aktuellen Kontaktmöglichkeiten. Einmal, als mir der Tremor wieder sehr zu schaffen macht, erreiche ich ihn in Schottland, wo er gerade eine Weiterbildung macht. Auch da ist er wie selbstverständlich völlig unkompliziert und kreativ für mich da.

Und inzwischen muss ich nicht einmal mehr nach Köln fahren: Dr. D. ist leitender Oberarzt der Ambulanz für Bewegungsstörungen an der neurologischen Uniklink Marburg. Was für ein Geschenk.

Natürlich nervt der essentielle Tremor immer noch. Aber zu wissen, dass da Menschen an meiner Seite sind, die mir helfen, gut mit ihm umzugehen, macht mich dankbar. Wenn ich mal wieder besonders heftig zittere, denke ich an Frerk, Torsten, Dr. D. und meine Familie.

Harry Weiß

Harry Weiß ist Kulturredakteur und Leiter Kommunikation beim Stadttheater Gießen. Er liebt es, gute Geschichten zu erzählen und hat eine Leidenschaft für Kinderbücher. Als Notfallseelsorger gilt sein Interesse besonders denjenigen, die gerade eine persönliche Krise durchleben.

Foto: © Claudia Dewald

Flevoland

Das Gegenteil von einem schönen Strand, an dem die Sonne untergeht und wir die endlose Weite des Meeres nur erahnen können, ist Flevoland, die wohl platteste und trostloseste Landschaft Europas. Flevoland liegt unter dem Meeresspiegel, denn die Niederländer haben es mit Deichen dem Ijsselmeer abgerungen, was bis dahin ein echtes Naturparadies war. Nun leben auf Flevoland Menschen unter dem Meeresspiegel, die Häuser sind neu und ohne den Charme von Altbauten. Und immer, wenn du zum Strand gucken möchtest, siehst du kein Meer und keine Sonne, denn du guckst von unten gegen den Deich.

Muss ich das Wort nennen, mit dem die Geografen das Land unter dem Meeresspiegel bezeichnen, oder kommen Sie selbst darauf? Es lautet: „Depression."

Der Depression fehlt eigentlich nur eins, aber das ist entscheidend: Am Horizont ist keine Sonne, keine Weite, keine Hoffnung zu sehen.

Das Gegenbild dazu malt der Psalmist so: *„Nähme ich Flügel der Morgenröte und flöge zum äußersten Meer, so würde* *auch dort deine Hand mich führen und deine Rechte mich hal-ten.*" (Psalm 139,9+10)

Es gibt Christen, die haben Sorge, ihren Glauben zu ver-lieren, und mauern ihn ein wie die Holländer ihr Flevoland. Dabei genügt es, allein auf den zu vertrauen, der uns von allen Seiten umgibt und am Ende an jedem Horizont auf uns wartet. Er schenkt uns Hoffnung.

Foto: © Klaus Bremer

Dirk Küsgen, geboren 1962, in der Kinder- und Jugendarbeit seiner Bottroper Heimatgemeinde zum Glauben gekommen, entdeckte 1987–1990 als Vikar seine Neigung zur Seelsorge an älteren und kran-ken Menschen. Bereits 1990–1992 ist er Altenheimseelsorger auf Schalke, von 1992–2016 Gemeindepfarrer in Gevelsberg und seit 2016 Kranken-hausseelsorger in Schwelm. Er ist glücklich verheiratet mit Henrike, die Grundschullehrerin ist.

Weil aber ich dich liebe

„*Du bist ein Gott, der mich sieht.*" So krass wie Hagars Geschichte, auf die sich der Bibelvers aus 1. Mose 16,13 bezieht, ist die von Lea vielleicht nicht. Sie wird nicht „Hagar – die Fremde" genannt und mit ihrem Kind in die Wüste gejagt, aber die Ungeliebte, die einfach Untergeschobene, die wie B-Ware Behandelte – das ist sie schon.

Zur familiären Einordnung: Lea ist die ältere Tochter von Laban und damit zugleich die Urgroßnichte von Abraham, denn Laban ist der Enkel von Abrahams Bruder Nahor. Labans Schwester Rebekka, Leas Tante, ist verheiratet mit Isaak, dem Sohn von Abraham. Die Zwillingssöhne von Rebekka und Isaak sind Esau und Jakob. Und ebendieser Jakob wird Leas Ehemann – und später auch noch der Ehemann ihrer jüngeren Schwester Rahel. Denn eigentlich verliebt Jakob sich in Rahel.

Sieben Jahre arbeitet Jakob für seinen Schwiegervater Laban, um endlich seine große Liebe Rahel heiraten zu dürfen. Doch in der Hochzeitsnacht bekommt er von seinem Schwiegervater Lea, die ältere, die weniger hübsche, die Ladenhüterin auf dem Heiratsmarkt, untergeschoben. Nun muss er weitere sieben Jahre für seinen Schwiegervater schuften, bevor dieser ihm auch Rahel zur Frau gibt.

Sieben Jahre, in denen keiner fragt, wie es Lea damit geht. Der Frau, die keiner will. An der Seite eines Mannes, der sie nicht liebt. Im Haus eines Vaters, von dem sie und die Schwester später sagen werden: „Unser Vater hat uns wie Fremde behandelt. Er hat uns verkauft und das Geld, das er für uns bekommen hat, ausgegeben." Im Hebräischen lässt sich aus dem Namen Lea auch das Wort „müde" ableiten. Müde und alles leid, das wird Lea wohl mehr als einmal gewesen sein.

Einer aber sieht hin. Der, der Lea direkt ins Herz sieht, der sie liebt und wunderschön findet. *„Doch weil Lea weniger geliebt wurde, schenkte der Herr ihr Kinder, während Rahel kinderlos blieb"*, heißt es im 1. Buch Mose 29,31.

Und so nennt Lea ihren ersten Sohn Ruben – „Sieh, ein Sohn". Es folgt Simeon „Erhörung", Levi „Zuneigung" und Juda „Lob". Vier Kinder für die ungeliebte Kuckucksfrau. Balsam für Leas wunde Seele. Doch ein Dorn für ihre Schwester Rahel.

Rasend eifersüchtig überlässt sie Jakob ihre Magd Bilha, um auf diesem Weg an ein Kind zu kommen. Bilha wird schwanger und bekommt Dan „Recht" und danach Naftali „Kampf". Eine Namenswahl wie eine Kampfansage. Recht und Kampf versus Sieh, ein Sohn, Erhörung, Zuneigung und Lob. Aus Leas Namenswahl spricht der verzweifelte Wunsch nach Gesehenwerden und Liebe. Aus Rahels geifert der Neid.

Infolgedessen lässt nun auch Lea Jakob mit ihrer Magd Silpa schlafen und diese bringt Gad „Glück" und Asser „glücklich" zur Welt. Dann wird auch Lea selbst erneut schwanger. Sie bekommt Issarchar „Belohnung", Sebulon „Wohnung" sowie ihre Tochter Dina, deren Name bedeutet „jemandem zu seinem Recht verhelfen".

Sieben eigene Kinder und zwei Bonus-Jungs. Leas kleines Glück, mit dem Gott sie beschenkt. Erst danach wird auch Rahel endlich schwanger mit dem heiß ersehnten Josef. Dem Lieblingssohn des Vaters, der von seinen Brüdern verkauft, nach Ägypten verschleppt wird und dort nach einem Aufenthalt im Gefängnis eine steile Karriere macht.

Die Liebe ihres Mannes hat Lea sich durch ihre Kinder nicht erwirken können, die galt sein Leben lang Rahel. Dennoch hat Gott hingesehen und auch mit Lea seine Geschichte geschrieben. Wenn Jakob der Stammvater der zwölf Stämme Israels ist, dann ist Lea mindestens die halbe Stammmutter, der auch im Tod ein Platz in der Höhle Machpela neben Abraham, Sarah, Isaak, Rebekka und Jakob gebührt.

Ein Nachkomme ihres Sohnes Levi wird 400 Jahre später Mose sein, der das Volk Israel aus Ägypten in die Freiheit führt und mit Gott wie mit einem Freund von Angesicht zu Angesicht spricht. Ein Nachkomme ihres Sohnes Juda wird 800 Jahre später König David sein und weitere 1000 Jahre später ein gewisser Josef aus Nazareth, verlobt mit Maria, einer jungen Frau, die auf wundersame Weise schwanger geworden war.

Julia Fiedler

Der Kater Augustus

Im sehr heißen Sommer 2013 bekam ich meine dritte Chemotherapie und die Hitze machte meine Behandlung zur regelrechten Tortur. Denn wenn man bei über 30 Grad schwitzend im Bett liegt, dann ist das nicht wirklich schön.

Ganz Deutschland hatte Sommerferien. Zum Glück hatte ich noch kurz vor Beginn der Therapie mit meinen drei Kindern und meinem damaligen Mann eine Woche auf Sylt verbringen können. Mit den Bildern von Meer und Strand im Kopf lag ich nun in meinem stickigen Krankenhauszimmer und ließ die Chemotherapie in mich hineinsickern.

Zwei Tage nach der Infusion wurde ich entlassen. Mein Taxifahrer holte mich ab und brachte mich nach Hause. Nun war ich allein. Kein Krankenhauspflegepersonal um mich, keine Ärzte, die mal eben vorbeischauen, und meine Familie war noch im Urlaub. Ich war so dankbar, dass alle unterwegs sein konnten und nicht immer Rücksicht auf mich nehmen mussten, aber der Nachteil war: Ich war allein.

In den ersten Stunden fühlte sich das noch wunderbar an. Ich musste für niemanden funktionieren, durfte mich einfach hinlegen, ausruhen und vor mich hinträumen. Doch dann setzten im Laufe des Tages die Nebenwirkungen der Chemo immer mehr ein und ich vermisste doch Menschen um mich herum.

Plötzlich fühlte sich die Einsamkeit nicht mehr gut an. Ich hätte gerne jemanden bei mir gehabt, mit dem ich mich unterhalten konnte, der mich von dem, was gerade in meinem Körper passierte, ablenken würde.

Allein auf meiner Terrasse sitzend betete ich: „Ach Gott, ich möchte nicht allein sein, kannst du mir bitte irgendjemanden schicken?"

Ich schaue zum wolkenlosen Himmel hinauf und sehe ein Flugzeug über mir. Wäre ich doch einfach mit meiner Tochter Sarah nach England geflogen und hätte diese blöde Chemotherapie einfach vergessen. Wie cool wäre das gewesen!

Stattdessen saß ich dort. Müde schloss ich meine Augen und rollte mich auf meiner Liege im Schatten zusammen. Nichts hören, nichts sehen, vielleicht konnte ich ja wenigstens schlafen. Doch da, ganz plötzlich, hörte ich ein leises Miauen.

Vorsichtig öffnete ich meine Augen und staunte. Da war er wieder: Augustus! Der Kater, der mich seit einigen Wochen begleitete. Ich hatte keine Ahnung, wo er herkam, er war einfach immer wieder ganz plötzlich an meiner Seite. Schon oft, wenn ich bei uns im Garten gewesen war, war er angelaufen gekommen und hatte um meine Beine geschnurrt. Er hörte nie damit auf, bis ich mich zu ihm hinunterbeugte und ihn streichelte.

Jetzt streckte er sich mir entgegen, so als wolle er mir sagen: „Hat aber lange gedauert, bis du das kapiert hast!"

Tränen kullerten mir die Wangen hinunter. Wie süß war das denn, dass Augustus jetzt bei mir war! Und da sprang er auch schon auf meine Liege und kuschelte sich an meine Seite. Einfach so. Ich konnte nur staunen, wie sehr dieses Tier wusste, was ich gerade brauchte. Zärtlich streichelte ich sein weiches Fell und da sprudelte es auch schon aus mir heraus. Augustus hörte sich treu mein Selbstmitleid an.

Es tat so gut. Vor Augustus musste ich mich wegen keines Wortes schämen, ihm durfte ich alles sagen.

Manche Ängste und Sorgen, die ich vor meiner Familie nicht aussprechen durfte, konnte ich Augustus ins Ohr flüstern. Fragen, die ich meinen Ärzten nicht stellen mochte, Augustus konnte ich alles sagen. Er war ein echtes Himmelsgeschenk.

Tatsächlich war er vor ein paar Wochen einfach da gewesen, und ich wusste nicht, wohin er gehörte. Seitdem war er immer wieder zu den unmöglichsten und zu den schönsten Zeiten vorbeigekommen. Manchmal hatte ich Zeit für ihn gehabt, manchmal nicht. Aber an diesem Tag war er das lebendige Beispiel dafür, dass Gott Gebete erhört. Und dass er sie so erhört, wie wir es uns oft gar nicht vorstellen können.

Diesen Nachmittag werde ich nie vergessen, wie beschützt und behütet ich mich gefühlt habe durch einen Kater. Wie viel Hoffnung mir dieses kleine Glück geschenkt hat. Wie er wirklich heißt, weiß ich übrigens nicht. Ich habe ihn Augustus getauft, weil er im August zu mir kam.

Simone Heintze

Vom Ende der Hoffnung

Als mein Kollege heiratete, war ich irritiert, weil er sich für seinen Traugottesdienst das Lied *Imagine* von John Lennon gewünscht hatte, und das als Pfarrer. Malte John Lennon in seiner zweiten Strophe nicht eine bessere Welt ohne Staaten, die Kriege führen, aber auch ohne Religion aus?

Ein anderer Pfarrer, der auch als Gast eingeladen war, korrigierte mich diesbezüglich: Im Himmel werde es keine Religion mehr geben, weil wir ganz bei Gott sind.

Ist die Religion also das untaugliche Mittel, selbst zu Gott zu gelangen, während er in Jesus längst zu uns auf die Erde gekommen ist? Endet selbst die Hoffnung im Himmel, weil wir am Ziel angelangt nicht mehr hoffen müssen, zu Gott zu kommen? Wenn die Sonne und der Mond nicht mehr zu scheinen brauchen, weil es in der Gegenwart Gottes immer hell ist, könnte das so sein. Wir werden weder das Licht der Lampe noch der Sonne brauchen, weil Gott der Herr von Ewigkeit zu Ewigkeit leuchten wird (Offenbarung 22,5).

Wenn diese zunächst grotesk klingende Schlussfolgerung wahr ist, dann stirbt die Hoffnung wirklich zuletzt, aber sie stirbt eben erst dann. Wenn es nichts Besseres geben kann, als bei Gott im Himmel angelangt zu sein, brauchen wir keine Hoffnung mehr, denn dann stirbt sie wirklich, aber erst dann, wenn sie vollkommen erfüllt ist.

Übrigens ist im Griechischen, der Sprache des Neuen Testaments, das Wort für das Ende und die Vollendung dasselbe: *Telos*. Nicht, wenn ich sterbe, ist das Ende da, weil die Welt noch nicht vollendet ist. Aber ich selbst darf in all meiner Schwäche hoffen, noch von Gott vollendet zu werden.

Mein Leben bleibt immer ein Fragment, ein Bruchstück. Die Welt, wie sie ist, bleibt immer ein Fragment, mit vielen Wunden und Rissen. Erst wenn Gott mit der neuen Schöpfung die Welt vollenden wird, wird sie tatsächlich vollendet sein, ohne Hunger, Krieg und Leid.

Zu hoffen heißt demzufolge, genau zu wissen, dass die Welt unvollkommen ist, dass Gott sie noch vollenden muss und vollenden wird. Zu hoffen heißt, zu wissen, dass am Horizont immer das Reich Gottes wartet, egal, in welche Richtung wir schauen, egal, wie viele Wolken und Berge uns die Sicht wegnehmen.

Am Horizont wartet das Reich Gottes, von dem Jesus sagte, es sei nahe herbeigekommen. 2000 Jahre seit Jesus sind eine Promille der Geschichte Gottes mit den Menschen, die es erst seit zwei Millionen Jahren gibt. Und die Zahl meiner Lebensjahre ist homöopathisch klein gegenüber den Milliarden Jahren des Weltalls. Es gibt also gar keinen Grund, die Hoffnung aufzugeben, dass am Ende das Reich Gottes kommt und am Horizont immer Gott auf uns wartet. Die Hoffnung erkennt an, dass Gott noch eine Menge an dieser Welt verbessern muss, ohne kurz vor dem Ziel zu resignieren.

Dirk Küsgen

Auch wenn dein Herz bricht – hat Gott trotzdem den besten Plan für dich

Wir wissen aber, dass denen, die Gott lieben,
alle Dinge zum Besten dienen.
Römer 8,28 (Luther 2017)

Mit diesem Bibelvers offenbarte mir mein Ex-Freund, dass er mich monatelang belogen und betrogen hatte. Ein Schock. Unsere gemeinsame Zukunft zerplatzte wie eine Seifenblase. Wir sprachen schon länger über meinen Umzug. Immerhin trennten uns fast 700 Kilometer. Ehefrau und gerne auch Mutter – so hatte ich mir meine nächsten Jahre vorgestellt. Ich bin ein Mensch, der Beständigkeit liebt und braucht. Eine eigene Familie aufbauen, das war ein fester Wunsch in meinem Kopf, der nach einer schwierigen Zeit, mein Bruder hatte einen tödlichen Unfall, noch einmal besondere Bedeutung für mich bekommen hatte. Doch nun war ich von einer Sekunde auf die andere wieder Single.

Es dauerte lange, bis sich mir ein Zugang zu diesem Bibelwort eröffnete. Erst mal folgte ein ziemlich tiefes Tief. Wo sollte ich nun hin? Was war der Plan für mein Leben? 24 Jahre arbeitete ich in derselben Firma. Wie gesagt, ich bin ein stetiger Mensch, schlage gern Wurzeln. Aber war es vielleicht doch an der Zeit, etwas Neues zu wagen?

Im September 2022 lernte ich Simone auf einer Freizeit der Liebenzeller Mission kennen. An einem Nachmittag habe ich ihr mein Herz ausgeschüttet, und sie war begeistert, als ich erklärte, dass ich mich verändern möchte.

„Ich hab mich mit 43 Jahren auch noch mal verändert", hat sie mir verraten. Wir blieben in freundschaftlichem Kontakt, und sie ist es, die mich auf die Idee gebracht hat, meine Geschichte aufzuschreiben.

Ich entschied mich, zumindest was das Arbeitsthema anbelangte, aktiv zu werden und schrieb Bewerbungen. Allesamt an christliche Arbeitgeber. Etwas anderes konnte und wollte ich mir nicht vorstellen. Leider aber wollte mich von diesen keiner persönlich kennenlernen. Was war falsch an mir? Dann doch lieber bleiben, wo ich war?

Ausgerechnet eine heftige Auseinandersetzung mit meinem Chef gab mir einen neuen Motivationsschub. Nein! Es war genug. Auf keinen Fall würde ich mich weiter kleinmachen lassen. Ich würde so lange Bewerbungen schreiben, bis ich einen anderen Job gefunden hatte. Das war im Januar.

Gegen meine Prinzipien bewarb ich mich nun auch bei einem nichtchristlichen Arbeitgeber. Das war für mich zuvor undenkbar gewesen. Die Stellenanzeige war als Werbung auf meinem Handy aufgeploppt und so ganz passte ich auch nicht auf das ausgeschriebene Profil, aber was soll's, dachte ich mutig. Die Stelle war in Rostock. Damit wäre ich der Ostsee richtig nahe. Und da ich so schön im Flow war, schickte ich direkt danach noch zwei weitere Bewerbungen ab – diesmal an christliche Arbeitgeber.

Als erste Rückmeldung kam eine Einladung zum Kennenlern-Telefonat von Campus für Christus. Das verlief auch supergut. Vertraut, locker, so als hätte ich mit einem Freund aus meiner Gemeinde geredet. Trotzdem konnte ich danach kein „Ja" zu dieser Arbeit finden und sagte ab.

In der gleichen Woche, welche Überraschung, erreichte mich die Einladung zum Vorstellungsgespräch von dieser nichtchristlichen Firma. Wow, damit hatte ich nicht gerechnet.

Mit zittrigen Händen gab ich bei meinem alten Arbeitgeber einen Urlaubsantrag ab und war froh, dass niemand Fragen stellte. Ich hatte am Tag vor dem Gespräch noch bis 18 Uhr arbeiten müssen und konnte mich erst dann auf den Weg nach Rostock machen. 250 Kilometer Autobahn. Ich fahre nicht gern im Dunkeln und noch weniger gern bei Sturm und Starkregen. Von beidem gab es an diesem Abend jedoch reichlich. Kurz vor meinem Ziel war zusätzlich eine Vollsperrung auf der Autobahn. Als wäre ich nicht schon so nervös genug.

Am nächsten Morgen fuhr ich nicht wirklich ausgeschlafen zu meinem Gesprächstermin in die Stadt. Zu allem Übel war das Parkhaus besetzt. Meine Zeit wurde immer knapper und ich kannte mich nicht aus. Schließlich fand ich noch einen freien Platz neben einer Kirche. Der letzte Platz, direkt dahinter begann das Halteverbot. Danke, Gott.

Wieder fing es an zu regnen. Wo war jetzt diese Firma? Ich schaute kurz hoch zum Himmel und da sah ich plötzlich einen riesigen Blitz über einem Gebäude. Genau dort musste ich hin. „War das jetzt ein Zeichen? Gott, willst du mir damit etwas sagen?", fragte ich.

So aufgeregt, wie ich eh schon war, fand ich den Eingang nicht, umkreiste das Gebäude und stand auf einmal mitten in der Kantine. Eine sehr freundliche Köchin wies mir schließlich den Weg und ich war endlich am Ziel. Gerade noch rechtzeitig.

Mein erstes Vorstellungsgespräch für eine neue Zukunft konnte beginnen. Das Gespräch lief anders, als ich es erwartet hatte, denn nach einem kleinen Kennenlernen musste ich eine Art Einstellungstest machen. Damit hatte ich nicht gerechnet und hatte keine Ahnung, wie ich mich dabei schlug. Trotzdem verließ ich das Gebäude mit einem guten Gefühl. Ich fühlte mich fröhlich, dankbar und entspannt. Geschafft.

Es war Mittagszeit und die Sonne hatte sich herausgewagt. Überall wuselten Menschen aus den Häusern auf der

Suche nach etwas Essbarem. Ich mischte mich mitten hinein in das Leben dieser Stadt, um ihren Puls zu fühlen. Würde ich hier bald auch meine Mittagspause verbringen? Warum nicht?

Ich griff zum Handy und rief meine Eltern an: „Ich glaube", erzählte ich ihnen, „ich könnte hier leben."

Abends überkam mich dann aber doch die Panik. Ich betete: „Herr, wenn das nicht dein Wille für mich ist, zeige mir das ganz klar." Und was soll ich sagen; ich stieß auf diesen Bibelvers: *„Verlass dich auf den Herrn von ganzem Herzen, und nicht auf deinen Verstand; sondern denke an ihn in allen deinen Wegen, dann wird er dich recht führen"*, Sprüche 3,5–6.

Am nächsten Tag erschien ich wieder brav bei meiner alten Arbeit und ließ mir nichts anmerken, obwohl das schwer war. Plötzlich klingelte mein Handy – eine Rostocker Vorwahl! Schnell verließ ich das Zimmer, um das Telefonat anzunehmen.

„Um es kurz zu machen, Frau Neumann, Sie haben uns gestern fachlich und auch persönlich von sich überzeugt. Wir hätten Sie gerne an Bord!", klang es aus dem Telefon.

Ich war sprachlos. Einerseits hätte ich hüpfen und schreien können vor Freude, andererseits fühlte ich mich komplett überfordert. Wie sollte ich mich entscheiden? War das wirklich der richtige Weg? Deshalb erbat ich mir eine Nacht Bedenkzeit und ging wieder zurück in mein Büro, wo ich es aber anschließend kaum aushielt.

Direkt nach Feierabend fuhr ich zu meinen Eltern und verkündete die freudige Botschaft! Mein Papa umarmte mich und sagte mit Tränen in den Augen: „Ich bin so stolz auf dich! Dann kannst du endlich an deiner geliebten Ostsee wohnen."

Es war so wertvoll und kostbar für mich, dass mein Vater mir seinen Segen für meinen Wegzug schenkte. Meine Eltern wohnten damals im Nachbarort; wenn ich nun nach Rostock gehen würde, wäre das auch für sie eine gewaltige Veränderung. Insbesondere nach dem Tod meines Bruders fiel es mir schwer, sie alleinzulassen.

Weil ich in dieser Nacht kein Nein von Gott bekam, sagte ich dem Personalchef noch vor meinem Arbeitsbeginn am nächsten Tag: „Ja, ich will! Ich möchte Rostockerin werden!" Mit 43 Jahren würde ich mein Leben noch mal komplett umkrempeln und 250 km weit wegziehen – an meine geliebte Ostsee. Meinen Sehnsuchtsort, schon seit vielen Jahren.

Nur einen Tag nach meiner Zusage fuhr ich auf eine christliche Skifreizeit. Ich kannte dort niemanden, aber Gott hatte mal wieder mitgedacht und vorgesorgt; die Hälfte der Teilnehmer kam aus Mecklenburg-Vorpommern, meiner zukünftigen Heimat. Alle kannten Rostock und luden mich gleich für den Sommer zum Grillen ein. Es war, als hätte Gott feine Fäden gesponnen, die mich mit neuen Leuten verbinden sollten und die mich bei meinem Neustart begleiten würden. Gott bereitete alles vor. Er kannte meine Ängste, mein Bedürfnis nach Sicherheit und schenkte mir neue Bekanntschaften aus dem Nichts. Ich fühlte mich so geliebt!

Gott hat meinen gesamten Weg durch so viele verschiedene Puzzleteile, die er mir geschenkt hat, bestätigt. Sie ergeben alle zusammen ein Bild, einen Weg, in dem Gott sich offenbart hat.

Schlussendlich musste ich mich noch bis Ende März in Geduld üben, denn meiner Einstellung musste erst noch von der Personalvertretung zugestimmt werden. Diese Zeit war sehr intensiv und hat mich innerlich fast zerrissen. Doch Gott war jeden einzelnen Tag an meiner Seite und hat mich in meinem Prozess spürbar begleitet und im Hintergrund alles vorbereitet. Herzlichen Dank!!!

Judith Neumann

Foto: © privat

Judith Neumann, Baujahr 1979, lebt in Sievershagen bei Rostock. Ihre vier Patentöchter und ihre Nichte sind ihr sehr wichtig. Sie liebt es, auf Reisen zu sein. Die ganze Welt zu bereisen, ist ihr Ziel. Am liebsten mag sie es am oder auf dem Wasser zu sein, zum Beispiel beim Stand-Up-Paddling oder schwimmend. Ihre Lieblingsfarbe ist pink; und man trifft sie bei einem leckeren Latte macchiato im Café oder bei einem gemütlichen Grillabend mit Freunden. In ihrer Gemeinde findet man sie meistens an der Gitarre und am Mikrofon im Lobpreisteam.

Rut, die Moabiterin

Als ich vor 25 Jahren meine schwäbische Heimat verließ, um ins 400 Kilometer entfernte Nordrhein-Westfalen zu ziehen, war das zuerst keine einfache Zeit. Alles war für mich fremd, alles anders. Dann war da noch mein schwäbischer Dialekt im hochdeutschen Sprachraum, weshalb ich manches Mal komisch angestarrt und oft auch belächelt wurde. Also schwieg ich mit hochrotem Kopf, um nichts Falsches zu sagen.

Die Menschen waren anders, die Bräuche waren anders, die Gemeinden waren anders. Ich musste mich erst zurechtfinden und offen für Begegnungen bleiben. Das fiel mir damals nicht leicht. Menschen anzusprechen, sich etwas trauen, neue Kontakte knüpfen: Das kostete mich viel, viel Mut. Es hat Jahre gedauert, bis ich mich schließlich in meiner neuen Umgebung zu Hause fühlte. Bis das Heimweh nachließ und sich auch mein Herz angekommen fühlte.

Hinter meinem Umzug steckte jedoch kein Zwang, keine Hungersnot, keine politische Verfolgung oder sonst irgendwelche Probleme. Bei mir war es ein freudiges

Ereignis: Der Liebe wegen bin ich aus meiner schwäbischen Heimat ausgewandert.

Weltweit gibt es so viele Menschen, die auswandern oder flüchten müssen. Sei es durch Kriege, Arbeitssuche, Naturkatastrophen oder politische Verfolgung. Sich danach in einem neuen Land einzufinden, ist nie einfach. Den Mut und die Hoffnung nicht zu verlieren, sich irgendwann dort heimisch zu fühlen, das erfordert viel Kraft und ist eine Herausforderung. Vor allem, weil ich mich öffnen muss, um auf die Menschen zuzugehen. Ich muss ein Stück von mir preisgeben, um mit anderen in Kontakt zu kommen. Dabei muss ich den fremden Menschen einen Vertrauensvorschub gewähren, um nicht selbst die Hoffnung zu verlieren, neuen Anschluss zu finden.

Das Buch Rut ist ein eigenes Buch im Alten Testament und erzählt die Geschichte einer Auswanderin. Rut verließ ihre Heimat und ging in ein fremdes Land. Sie ging, weil sie dem Gott der Israeliten vertraute. Doch zurück zum Anfang. Die Geschichte von Rut beginnt mit ihrer Schwiegermutter Noomi.

Noomi war Hebräerin, heute würde man sie Israelitin nennen. Mit ihrem damaligen Mann Elimelech und ihren beiden Söhnen Machlon und Kiljon waren sie von Betlehem ins heutige Jordanien nach Moab, östlich des Toten Meeres, gezogen. Eine große Hungersnot hatte ihren Mann Elimelech dazu veranlasst, dem Heiligen Land den Rücken zu kehren, um in der Fremde zu überleben. Er glaubte nicht mehr an den einen Gott und dass er es gut mit ihm und seiner Familie meinte. Zu schlimm war es für ihn, seine Kinder hungern zu sehen. So fügte sich Noomi und die Familie zog nach Moab.

Fünfzehn Jahre lebten sie dort, als Elimelech starb. Das war ein Schock für Noomi. Doch damit nicht genug, denn einige Jahre später starben kurz nacheinander auch ihre beiden Söhne. In einem fremden Land hatte Noomi plötzlich nur noch ihre beiden Schwiegertöchter Orpa und Rut. Zwei junge Frauen, die nun Witwen waren und denen sie nichts zu bieten hatte.

Nach dieser Familientragödie entschied sich Noomi, wieder zurück in ihre Heimat nach Betlehem zu ziehen. Den beiden Schwiegertöchtern befahl sie jedoch zu bleiben. Doch Rut hörte nicht auf sie, sie wollte mit ins Heilige Land gehen und an Noomis Gott glauben, der so viel Frieden schenkte in all dem Chaos.

Rut hatte wohlhabende Eltern in Moab, die die Götter Kemosch und Baal verehrten. Sie hätte es so leicht gehabt, wenn sie einfach wieder zu ihren Eltern gegangen wäre. Doch ihr Herz hing an dem Gott der Israeliten. So ließ sie alles zurück, um in ein Land zu ziehen, das über 600 Vorschriften und Gesetze hatte und das Ausländern sehr feindlich gegenüberstand. So untersagten die Vorschriften der Israeliten zum Beispiel Besuche von ausländischen Menschen, weil man durch sie unrein wurde.

Als die beiden schließlich ausgelaugt und erschöpft in Betlehem ankamen, waren die israelischen Frauen Rut gegenüber mehr als abweisend. Und so mussten sie nach der langen Reise in einer Höhle unterkommen, weil sie niemand aufnahm.

Weil sie von Hunger geplagt waren, wandte Rut das Armenrecht an, das mittellosen Menschen zugestand, auf den Feldern die liegen gebliebenen Ähren einzusammeln. Doch selbst da wurde sie bespuckt und mit Steinen beworfen. Das war der absolute Tiefpunkt. Wie sehr müssen Rut und Noomi gelitten haben. Noomi weinte und fragte sich, ob sie Gott falsch verstanden hatte, ob er doch nicht wollte, dass sie mit Rut im Heiligen Land leben sollte?

Wir planen, denken und tun und sind davon überzeugt: Das muss Gott doch so gefallen! Doch dann geht alles schief. Eins nach dem anderen. Zuerst ist da noch ein bisschen Hoffnung, dann wird sie immer weniger – irgendwann sind wir so verzagt, dass wir an allem zweifeln. Dass wir zulassen, den wichtigsten Anker im Leben zu verlieren: unseren Glauben an Gott.

Ob es den beiden Frauen auch so ging? Dennoch blieben sie beharrlich im Gebet. Es war das Einzige, was sie machen konnten: beten und auf Gott vertrauen, dass er irgendetwas tut.

Und Gott griff ein. Rut traf auf den großherzigen und gläubigen Mann Boas. Er war der Sohn Rahabs und zugleich der Neffe von Noomis Mann. Dieser Mann erlaubte Rut die Ährenlese auf seinem Land und aus ihrer Begegnung entwickelte sich eine Liebesgeschichte. Der hochangesehene Boas heiratete die Moabiterin Rut und die beiden bekamen ihren Sohn Obed. Obed war der Vater von Isai und Isai der

Vater von David, dem David, der König wurde. So baut Gott Geschichte! Aus diesem Stammbaum von Verlust, Angst, Schmerz, Trauer, Ablehnung und Ausländerfeindlichkeit wurde später Jesus geboren.

Gott im Gebet zu vertrauen, ist nicht immer einfach. Aber es ist das Wertvollste, was in hoffnungslosen Situationen getan werden kann. Und ganz sicher kommen irgendwann wieder Gottes heilvolle Hoffnungsstrahlen!

Simone Heintze

Nach dem Besuch
der Engel brauchte ich
keinen Alkohol mehr

„Teilt euer Brot mit den Hungrigen, nehmt Obdachlose bei euch auf, und wenn ihr einem begegnet, der in Lumpen herumläuft, gebt ihm Kleider! Helft, wo ihr könnt, und verschließt eure Augen nicht vor den Nöten eurer Mitmenschen!" (Hfa). Vers 7 aus Jesaja 58 gehört zu meinen Lieblingsversen in der Bibel. Er beschreibt in einfachen Worten sehr deutlich, wie wir uns verhalten sollen, und gleich danach folgt die Verheißung, dass uns Gottes Schutz begleitet, wenn wir es tun.

Wenn ich als Leiter eines Hilfswerkes in ärmeren Ländern unterwegs bin, treffe ich oft auf katastrophale Wohnverhältnisse: kein Strom, kein Wasser, kein Badezimmer, kaputte Fenster, undichte Dächer, Dunkelheit. Da genügt es nicht, ein paar Hilfsgüter zu überreichen. Ganzheitliche Hilfe bedeutet hier mehr. Angemessenes Wohnen gehört zu den Grundbedürfnissen der Menschen. Wo es uns gelingt, die Wohnverhältnisse nachhaltig zu verändern, verändern wir oft mehr. Es verändert sich nicht nur im Außen etwas, sondern auch im Inneren der Familie tut sich viel.

Wenn wir Häuser renovieren, tun wir das übrigens bewusst nicht immer im ganzen Haus, sondern lassen eine Ecke unbearbeitet. Die Familie erhält dann die Mittel, selbst weiter zu renovieren, und wenn ich sie später wieder besuche, staune ich oft, was entstanden ist. Einmal dankte mir eine Mutter bereits vor unserem eigentlichen Baueinsatz überschwänglich.

Ich antwortete: „Du musst dich nicht bei mir bedanken. Wir haben ja noch gar nichts getan."

Sie meinte daraufhin: „Ihr habt mir jetzt schon geholfen, weil ich wieder Hoffnung habe."

Der wunderbare Nebeneffekt unserer Aktion war, dass ihr Mann wieder Mut gefasst hatte, sich eine Arbeitsstelle zu suchen und das mit Erfolg

Es gibt viele arme Familien. Darunter sind manche, die noch kämpfen, noch Hoffnung, Überlebenswillen und Kampfgeist haben. Sie arbeiten daran, dass sich etwas in ihrem Leben verändert. Aber es gibt auch Familien, die existieren nur noch, denn ihre Hoffnung ist erloschen. Genau solchen Familien will ich helfen. Mit verhältnismäßig kleinem Einsatz kann viel verändert werden. Denn dort, wo wir Lebensumstände verändern, säen wir Hoffnung, und Hoffnung bedeutet Zukunft, wie bei Arnis in Lettland, der sich bereits aufgegeben hatte.

Arnis wohnt mit seiner Frau und drei Kindern in einem alten Bauernhaus in einer abgelegenen Gegend. Das Leben auf dem Land ist hart. Bisher hat sich die Familie durch das Züchten von Gänsen und den Verkauf von Blumen über Wasser gehalten. Ihr Haus besitzt keinen Wasseranschluss und keine sanitären Einrichtungen. Obwohl Arnis selbst sparen muss, sorgt er für andere und bringt mit seinem alten Transporter regelmäßig Hilfsgüter zu bedürftigen Familien.

„Es gab viele hoffnungslose Momente in meinem Leben. Ich konnte keine eigenen Kinder bekommen. Mehr und mehr wurde der Alkohol mein Freund und schließlich mein Problem, weil ich nicht mehr von ihm loskam. Trotz der ganzen Schufterei hatte ich nie genug Geld zur Verfügung, um meine Pflegekinder, meine Frau und mich zu versorgen. Dazu musste ich noch mit meiner Familie in dieser Bruchbude wohnen – all das zusammen war die härteste Zeit in meinem Leben.

Mein Herz war in Gefahr, sich völlig zu verhärten, doch dann kamst du, Klaus, gerade rechtzeitig. Du und dein Bautrupp, ihr habt mir und uns einen Neubeginn geschenkt. Inzwischen bin ich seit vier Jahren vom Alkohol los und habe sogar das Rauchen aufgegeben. Nachdem meine Frau und ich drei Pflegekinder aufgenommen haben, bekamen wir selbst noch einen kleinen Sohn.

Diese Dinge sind Lichter in der Dunkelheit, die vorher Teil meines Lebens war. Jeden Morgen wache ich dankbar auf, seitdem ihr bei uns gewesen seid und unser Haus vergrößert, es schön gemacht und es mit einem Bad und einem Wasseranschluss ausgestattet habt.

Für uns war der Besuch von dir und deinen Freunden wie der Besuch von Engeln, die kamen, um uns zu helfen und uns aus dem Dreck zu ziehen. Unsere Mädchen und Jungen haben endlich eigene Zimmer, wir haben eine Küche, die diesen Namen verdient, und auch sonst haben wir wieder ein Leben.

Ich selbst arbeite jetzt in einem Krisenzentrum für abhängige Jugendliche als Berater. Hier kann ich von der Hoffnung weitererzählen, die mich in meiner Dunkelheit erreicht hat, und Licht für diejenigen sein, die es jetzt noch nicht sehen können."

Als Einzelne können wir nicht die ganze Welt retten, aber wir können für einzelne Menschen die ganze Welt verändern. Wenn wir einen unserer Baueinsätze durchführen, verlässt die Familie übers Wochenende ihr Zuhause. Während dieser Zeit hämmert, sägt, baut, putzt und dekoriert eine Gruppe ehrenamtlicher Helfer drei Tage lang bei ihnen. Wenn die Familie dann zurückkommmt, ist das immer wieder ein erhebender Moment für mich und mein Team. Das Staunen ist groß und es wird klar, hier haben sich nicht nur Fenster, Bad und Tapeten verändert, sondern hier wird neues Leben möglich.

Klaus Dewald

Klaus Dewald ist leidenschaftlicher Hoffnung-Weitergeber und Gründer von Global Aid Network (GAiN), einem weltweit tätigen humanitären Mitmach-Hilfswerk mit den Schwerpunkten Katastrophenhilfe, Nothilfe und Hilfe zur Selbsthilfe. Seine Vision ist ein weltweites Versorgungsnetzwerk, um Bedürftigen effizient helfen zu können.

Foto: © Claudia Dewald

Ich werde unser Boot segeln!

Nachdem mein Mann gestorben war, war ich auf einmal stolze Besitzerin eines Segelbootes. Aber: Ich kann gar nicht segeln! Und übrigens heißt es im Fachjargon nicht Besitzerin, sondern Eignerin. Ich bin jetzt also Bootseignerin.

Okay, ich war vorher schon eine halbe Bootseignerin, denn mein Mann und ich hatten dieses Boot gemeinsam gekauft. Segeln konnte ich trotzdem nicht, denn mein Lieblingsmensch hatte es leider nie geschafft, mir das Segeln beizubringen. Wenn wir zusammen mit dem Boot unterwegs waren, durfte ich immerhin hinten (Entschuldigung: achtern!) an der Pinne sitzen und das Boot steuern. Das war dann auch alles, was ich vom Segelhandwerk beherrschte, und das auch noch ziemlich schlecht, wie unsere Kollision mit einer recht großen gelb-schwarzen Tonne bewies. (Kleine Anmerkung am Rande: Tonnen sind schwimmende Seezeichen, die unter anderem ein Fahrwasser markieren oder auf Gefahrenstellen hinweisen.)

Ich war schon kurz davor, das Boot zu verkaufen, als zwei Freunde mir anboten: „Wir setzen nächstes Jahr dein Boot erst mal ins Wasser und gehen mit dir segeln. Anschließend kannst du überlegen, ob du das Boot immer noch verkaufen willst."

Da ich eine bin, die gerne mal die ganze Hand nimmt, wenn man ihr nur den kleinen Finger reicht, antwortete ich: „Aber nur, wenn ihr mir das Segeln beibringt. Einfach nur mitfahren will ich nicht. Dann möchte ich wirklich unser Boot segeln. Auch einhand, wenn es sein muss." (Zweite kleine Anmerkung: „Einhand" bedeutet, dass ein Boot nur mit einer Person an Bord gesegelt wird. Dieser Jemand darf aber durchaus beide Hände benutzen.)

Meine beiden Freunde stimmten zu, und ich hatte auf einmal ein ganz warmes Gefühl im Bauch, weil das Segeln eine so schöne Möglichkeit ist, das Andenken meines verstorbenen Mannes zu ehren. Dazu hatte ich das Gefühl, ihm auf unserem Boot besonders nahe sein zu können.

Leider kam alles ganz anders, denn ein drei viertel Jahr später hatten die beiden die Entscheidung getroffen, Helgoland für eine längere Zeit zu verlassen. Sie würden mir also nicht mehr das Segeln beibringen können. Ich muss gestehen, dass mir das den Boden unter den Füßen wegzog. Nicht nur, weil ich so unser Boot nicht würde segeln können, sondern, weil zwei gute Freunde nicht mehr da sein würden.

Dazu kam die Verzweiflung darüber, dass ich mal wieder mit allem allein dastand, dass ich mal wieder einen Plan

B brauchte. Das kostet so unendlich viel Kraft. Und Kraft ist etwas, was bei mir nach der schweren Krankheit und dem Tod meines Mannes nicht mehr in Unmengen vorhanden ist.

Kurzfristig hatte ich deshalb den Gedanken, das Boot nun doch zu verkaufen. Ich fühlte mich elend, war über Tage in Tränen aufgelöst. Mein ganzes Leben war wieder unendlich düster. Ich dachte: *Echt jetzt?! Das auch noch?! Habe ich nicht schon genug einstecken müssen?!*

Aber dann kam mir die Zeile aus dem 23. Psalm in den Sinn: *„Denn du bist bei mir"* (Psalm 23,4). Diese Zeile hatte mich schon in den finstersten Zeiten davor bewahrt, einfach aufzugeben.

Als mein Mann wochenlang im Koma lag und ich beinahe hätte entscheiden müssen, wann wir alles abschalten und ihn sterben lassen, war dieser Vers wie eine Hand, die sich mir aus dem Licht entgegenstreckte. Das Licht selbst konnte ich nicht mehr wahrnehmen. Aber die Hand war da und ließ einfach nicht los. Auch als mein Mann gestorben war, ließ sie mich nicht los und bewahrte mich davor, alles hinzuschmeißen. Sie bewahrte mich davor, mein Leben hinzuschmeißen.

Als ich das Gefühl hatte, mit dem ganzen Bootskram überfordert zu sein, war die Hand aus dem Licht wieder spürbar: „Denn du bist bei mir!" Mir wurde bewusst: Ich bin nicht allein! Gott ist ja da. Und Gott stellt mir weiter Menschen an die Seite, die helfen und die dafür sorgen, dass mein Leben wieder heller wird.

Und genau das passiert gerade. Eine Freundin, die

übrigens auch nicht segeln kann, hat mir ihre Hilfe angeboten, was Gold wert ist, denn sie versteht so viel mehr von Booten als ich. Und ihr Optimismus ist ansteckend.

„Wir kriegen das hin. Gar keine Frage", hat sie gesagt und inzwischen auch schon einen potenziellen Segellehrer aufgetan.

Anschließend war ich mal wieder an Bord unseres Seenotrettungskreuzers und habe dort nicht nur Kaffee und Kuchen geschnorrt, sondern bei dieser Gelegenheit den Seenotrettern mein Leid geklagt.

Einer sagte daraufhin: „Ich kenne den ersten Eigner deines Bootes. Der, nach dem es benannt ist. Der kann selbstverständlich segeln. Soll ich ihn mal anrufen?"

Und ein anderer Seenotretter meinte: „Ich kann segeln. Wenn ich hier bin, kann ich gerne mit dir rausfahren."

Inzwischen habe ich mich auch selbst getraut, ein paar Leute anzusprechen und zu fragen, ob sie mir helfen, das Segeln zu lernen. Was mich richtig Überwindung gekostet hat, denn mir ist schon klar, dass die meisten sehr beschäftigt sind und definitiv etwas Besseres zu tun haben, als mir das Segeln beizubringen. Die sind schon froh, wenn sie für sich selbst ein bisschen Zeit zum Rausfahren freischaufeln können, ohne gleich eine Segelschule aufmachen zu müssen.

Trotzdem habe ich mich getraut, denn ich dachte, wenn Gott und ich gemeinsam da aufschlagen und fragen, dann stehen die Chancen gar nicht so schlecht. Und wir hatten Erfolg.

Jetzt müssen Gott und die Freundin und ich uns nur noch darum kümmern, dass das Unterwasserschiff gestrichen wird, dass es dem Motor gut geht, dass sich Mast, Baum, Segel und Rollfock anfinden und dass das Boot überhaupt in einen segelfähigen Zustand kommt. Aber das wird schon, „denn du bist bei mir".

Viel wichtiger aber ist, dass das „denn du bist bei mir" mich mal wieder aus einem dunklen Loch holte, in dem ich verzweifelt und wie gelähmt hockte. Das „denn du bist bei mir" holt mich gerade zurück ans Licht und macht mich wieder handlungsfähig. Das „denn du bist bei mir" schenkt mir Hoffnung und die Gewissheit: Ich werde unser Boot segeln! Und das ganz bestimmt nicht allein!

Pamela Hansen

Foto: © privat

Pamela Hansen, Jahrgang 1971, lebt und arbeitet als Pastorin auf der Insel Helgoland. Ihr Pastorinnendasein mitten in der Nordsee beschreibt sie in ihrem Buch „Die Inselpastorin", das im Rowohlt-Verlag erschienen ist. Im Sommer 2021 erkrankte ihr Mann schwer an Leukämie und starb im April 2022 an einer Coronainfektion, was sie seitdem vor immer neue Herausforderungen stellt.

Sie ist aktives Mitglied der Freiwilligen Feuerwehr Helgoland, der auch ihr Mann angehörte. Im Internet findet man sie unter _rev_pam_ auf Instagram und Twitter und unter ihrem Namen auf Facebook. Dort postet sie unter anderem ein tägliches Morgengebet, aber zurzeit auch sehr viel über ihren Umgang mit ihrer Trauer.

Sunrise

Heute Morgen wachte ich mit einem seltsamen Gefühl auf. Es war ein Gefühl von Aufregung und Hoffnung – ein Gefühl, dass etwas Gutes passieren würde. Um ehrlich zu sein, wusste ich nicht, was ich damit anfangen sollte.

Früher hatte ich diese Art von Gefühlen häufiger, aber die Pandemiejahre haben sie irgendwie aus mir herausgeprügelt. Wenn sie jetzt kommen, fühlen sie sich wie Fremde oder ungebetene Gäste an. Ich ging also ans Wohnzimmerfenster, als die Morgendämmerung einsetzte, und schaute in den Himmel. Er war in die schönsten Farben getaucht, noch schöner durch die Wolken, die dem Orange und Gelb, das sich mit jedem Augenblick zeigte, Grautöne hinzufügten.

Ein Teil von mir fragte sich: „Wenn das das wäre, was du heute erwartet hattest, wäre das genug?"

Das war eine ausgezeichnete Frage, wenn ich das sagen darf. Die Antwort ist mir in diesem Moment nicht eingefallen, und während ich hier sitze und schreibe, bin ich mir immer noch nicht sicher, ob ich sie gefunden habe. Aber ich habe das Gefühl, dass ich einen Hinweis habe. Ich will das kurz erklären.

Ich habe heute in einer Andacht gelesen, und der Autor hat diesen Vers aus dem Alten Testament eingefügt, den ich hier ein wenig umformuliert habe:

Lasst uns versuchen, Gott zu erkennen;
lasst uns danach drängen, Gott zu erkennen.
So sicher wie die Sonne aufgeht,
wird Gott erscheinen;
Gott wird zu uns kommen wie der Regen,
wie der Frühlingsregen, der die Erde tränkt.

Hosea 6,3

Dieser Vers brachte mich auf überraschende Weise zum Nachdenken über das Gefühl, das ich empfand, und über den Sonnenaufgang und die Frage, ob es genug war. Ich fragte mich: „Könnte es sein, dass all das, was ich fühlte, nicht an einer einzigen Sache hing, sondern an etwas viel Größerem, etwas, das größer ist, als ich mir vorstellen konnte?" Ich fragte mich, ob der Sonnenaufgang vielleicht eine Art Sakrament sein könnte – ein Zeichen und ein Symbol für eine spirituelle Realität, die ich sehen konnte, weil ich tatsächlich offen dafür war, die Wahrheit zu erfahren. Und dann fragte ich mich, ob der Grund dafür, dass mich der Vers aus Hosea so faszinierte, der war, dass er mir die Worte für das Gefühl gab, das ich zu definieren versuchte.

Denn was ich fühlte, war keine ziellose, wurzellose, rücksichtslose Version der Hoffnung, ganz im Gegenteil. Es war in etwas Reellem begründet. Es beruhte auf meiner ständigen Sehnsucht nach der Berührung durch das Göttliche. Kurz gesagt, ich wollte Gott sehen, wissen, dass Gott da war, irgendwo in der Düsternis des Morgens. Ich wollte erleben, dass Gott in meinem Leben gegenwärtig ist, dass er etwas Herrliches in mir und durch mich tut.

Und so, mit all dem im Hinterkopf, kam die Antwort auf meine Frage, obwohl es weniger eine Antwort war als eine Bestätigung, dass die Hoffnung, die ich fühlte, keine vorübergehende Einbildung war.

Der Sonnenaufgang war genug.

Er war genug, denn er offenbarte mir das Wunder der Welt um mich herum, einer Welt, die von dem Gott geliebt und geschätzt wird, der sie geschaffen hat und immer wieder neu schafft. Er zeigte mir, dass manchmal die Erwartung und Sehnsucht nach Gott an und für sich eine hoffnungsvolle Handlung ist.

Wenn wir mit dieser Art von heiliger Erwartung in der Welt leben, uns bewegen und atmen können, sind wir in der Lage, unendliche Reserven an Hoffnung und Frieden zu entdecken, aus denen wir schöpfen können, egal, was um uns herum geschieht.

Daniel Cham Jung

Daniel Cham Jung, Jahrgang 84, arbeitet als Pastor im Ev. Kirchenkreis Schwelm und ist nicht beleidigt, wenn man den Ort googeln muss. Zurzeit darf er dort in einem engagierten Team eine Projektgemeinde für junge Erwachsene leiten. In Dortmund aufgewachsen ist er als Kind einer Krankenschwester und eines Bergarbeiters ein klassisches Ruhrgebietsprodukt. Er ist glücklich verheiratet und hat einen Sohn, was drastische Konsequenzen für den Netflix-Algorithmus hatte. Neben seiner großen Leidenschaft für Filme und Serien ist er ein großer Fan von C.S. Lewis, Henri Nouwen und Rob Bell, deren Bücher sein Glaubensleben nachhaltig geprägt haben. Essenzieller Bestandteil seines Lebens ist neben Jesus und Familie koreanisches Essen. Dankenswerterweise betreibt seine Schwiegermutter ein koreanisches Bistro in seiner Wahlheimat Wuppertal.

Foto: © privat

Look at the bright side

Adam und Eva – Gottes Glückskinder. Die Meisterwerke seiner Schöpfung. Abbilder seiner Herrlichkeit. Ihm so nah. Gemeinsame Spaziergänge im Garten Eden. Wie wäre das, mit Gott spazieren zu gehen? Gemeinsam zu staunen, wie schön ihm die Welt gelungen ist. Wie leuchtend die Sonne am Horizont verschwindet, wie warm die Luft ist, wie sanft das Wasser plätschert.

Adam und Eva – Menschen, die unbedingt wissen wollen, ob nicht noch mehr drin ist als der von Gott für sie ausgesuchte Platz. Meint Gott es ehrlich mit ihnen? Vielleicht will er nur nicht, dass sie zu selbstbestimmt werden. Ist das Paradies am Ende ein goldener Käfig? Es ist nur eine Frucht wie alle anderen. Was soll schon passieren? Bestimmt nur ein Test.

Sie essen die Früchte des verbotenen Baumes. Adam und Eva machen den Fehler ihres Lebens und Gott macht ihnen Kleidung. Sie können nicht länger in Eden bleiben. Gott kann nicht so tun, als wäre nichts gewesen. Die Sünde ist da. Sie steht im Raum, versperrt den Weg zu Gott.

Adam und Eva müssen raus. Ein mühsames und entbehrungsreiches Leben erwartet sie außerhalb des Paradiesgartens. Doch zuerst wird Gott sie einkleiden. Er selbst schneidert ihnen Kleider aus Tierfellen und er selbst zieht sie ihnen an. Erst dann schickt er sie fort. Eine Fürsorglichkeit, die ich lange immer überlesen habe, aber die mich tief anrührt.

Auch wenn wir etwas richtig Dummes machen, jagt Gott uns nicht einfach nackt davon. Seine Güte ist schneller als sein Zorn. Wenn Gott richtet, dann richtet er auf und rüstet aus.

Seine Hoffnung wird eine andere gewesen sein. Vielleicht wird er tief geseufzt haben über die Dummheit seiner Menschenkinder. Wissend, wie lang der Weg zurück nun werden wird.

Und Adam und Eva? Ganz sicher werden sie sehr tief geseufzt und ihre Dummheit beklagt haben. Aber vielleicht haben sie, nachdem sich das Tor des Garten Edens für sie geschlossen hat, in den Himmel geblickt und einen Sonnenstrahl entdeckt. Look at the bright side. Vielleicht haben sie danach an sich heruntergeschaut und gedacht: Wir sind aus dem Paradies verstoßen und mit einem Fingerschnipsen hätte Gott uns auslöschen können. Aber wir leben noch und, Gott sei Dank, wir haben sogar etwas Warmes an. Gott hat uns noch nicht ganz aufgegeben. Damit wird sich schon was machen lassen.

Julia Fiedler

Ein Haus

voller Hoffnung

Die Sekretärin war sehr freundlich, aber bestimmt: „Der Herr Bürgermeister hat leider nicht viel Zeit."

Macht nichts, dachte ich, *es geht ja nur um eine kurze Frage.* Und so sagte ich: „Also, neben unserer Kirche steht doch das alte Feuerwehrgerätehaus – noch immer mit den obligatorischen Parkverbotsschildern, die den Einsatzfahrzeugen ungehinderte Notfalleinsätze ermöglichen sollen. Nun ist das Ding stillgelegt, unser Gottesdienstbesuch wächst erfreulicherweise, wir brauchen Parkplätze – und die Schilder sind überflüssig. Darf ich die einfach abschrauben?"

Der Bürgermeister lachte: „Nee! Das macht schon das Ordnungsamt. Aber ich werde mich drum kümmern."

Wie schön!, denke ich.

Er überlegte einen Moment, dann sagte er nachdenklich: „Nebenbei … wenn Sie eine sinnvolle Idee haben, was wir mit diesem leer stehenden Gebäude machen könnten: Immer her damit! Die Stadt ist für alles offen."

Stell dir vor: Du darfst einfach mal hoffnungsvoll träumen, was du mit einem großen Gebäude alles machen könntest. Unser schnell gegründetes „Feuerwehr-Team" hatte jedenfalls gleich unzählige Vorschläge: ein Café, einen Laden, eine Kleinkunstbühne, einen Seminarraum, einen Indoorspielplatz für Kinder und und und … Wir schaffen einen „Ort für den Ort" – einen echten Begegnungsraum.

Und siehe da, auch der Bürgermeister war sofort begeistert: „Das klingt ja wirklich verheißungsvoll. Ich würde sagen, da brauchen Sie nur noch ein ordentliches Budget für den Umbau, dann kann es losgehen."

Äh? Budget? Nun, das sagt sich so leicht. Verwandele mal zwei alte Fahrzeughallen in ein modernes Kulturzentrum. Das kann teuer werden. Und zwar richtig teuer.

Also wurde flugs ein Antrag an die Landeskirche gestellt. Immerhin gab es eine Einladung zu einem Präsentationsgespräch in der Kirchenverwaltung, bei dem mehrere sehr ernst dreinschauende Oberkirchenräte anwesend waren.

„Nun, dann erzählen Sie doch mal. Was haben Sie sich denn da wieder ausgedacht?"

Zum Glück hatten wir den Ortsvorsteher und den Vereinsringvorsitzenden unseres Stadtteils zu diesem Treffen mitgebracht. Und die fingen gleich an, mit leuchtenden Augen zu schwärmen. Von all den Möglichkeiten eines solchen Begegnungszentrums – und der Verbesserung der Lebensqualität im Ort. Anschließend nickten die Oberkirchenräte, gingen nachdenklich davon und meldeten sich monatelang nicht.

Irgendwann kam dann aber ein ungewöhnlicher Anruf: „Die Sache mit dem Feuerwehrgerätehaus … Wir haben jetzt Ihre ganzen Unterlagen gesichtet, den Businessplan, das Umbaukonzept, die Pläne der Architekten, die Zusagen Ihres Bürgermeisters und so weiter. Aber ich weiß immer noch nicht, ob wir das finanzieren können."

Er zögerte, dann fügte er hinzu: „Halten Sie es für denkbar, dass ich mal zu Ihnen komme und all diese Menschen kennenlerne, die angeblich für das Projekt so begeistert sind? Ich meine, irgendwer muss das Ganze nachher mit Leben füllen."

Das war kein Problem, denn wir wollten uns ohnehin in der nächsten Woche treffen. Herzliche Einladung.

Tja, und da saß er dann, der Leiter der Bauabteilung – mitten in einem bunten Haufen von Träumerinnen und Träumern. Und wir haben erzählt, geschwärmt, geplant und gelacht – zwei Stunden lang. Überlegt, was sein könnte.

Am Ende nahm mich der Oberkirchenrat zur Seite und sagte bewegt: „Soll ich Ihnen was sagen? In diesem Team würde ich auch gerne mitarbeiten. Und unter uns gesagt, eigentlich sah es für Ihren Antrag nicht gut aus … aber jetzt, nachdem ich diese Hoffnung hier erlebt habe … jetzt werde ich ihn befürworten. Ja, Sie können getrost sagen: Es war die Hoffnung, die den Ausschlag gegeben hat! Die Hoffnung dieser Menschen hier hat mich überzeugt. Weil Ihr Team daran glaubt, dass Unmögliches möglich werden kann. Eine solche Hoffnung ist eine unfassbare Kraft."

Vor Kurzem hat das Kultur- und Begegnungszentrum „Alte Wache" sein zehnjähriges Jubiläum gefeiert – und damit auch zehn Jahre voller Kulturveranstaltungen, gemütlicher Cafébesuche, Seminarangebote, Festivitäten und einem rege besuchten Laden. Alles nach wie vor organisiert von einer wilden Gruppe von Ehrenamtlichen. Wow!

Ich habe durch dieses Projekt viel über Hoffnung gelernt: Zum Beispiel, dass Hoffnung tatsächlich die Kraft hat, die Welt zu verändern. Aber auch, dass Hoffnung ansteckend ist. Wenn ein Mensch voller Hoffnung andere mitreißt, dann springt die Hoffnung über, multipliziert sich, wächst wie ein winziges Senfkorn zu einem großen Baum der Zuversicht. Und – eine gemeinsame Hoffnung verbindet Menschen, macht aus Einzelgängern eine Gemeinschaft. Das heißt auch, wer ein starkes Team aufbauen möchte, der sollte sich zuallererst fragen, welche gemeinsame Hoffnung diese Menschen wohl verbindet.

Seitdem ich erlebt habe, wie die Hoffnung einer übermütigen Gruppe einen ganzen Ort verändern kann, habe ich auch einen neuen Lieblingsbibelvers: *„Wir haben hier keine bleibende Stadt, sondern die zukünftige suchen wir."* (Hebräer 13,14; LUT 2017)

Das ist für mich der Hoffnungsvers pur: Wer an etwas glaubt, der orientiert sich nicht an dem, was ist, sondern an dem, was sein könnte, an *„der zukünftigen Stadt"*. Und wenn ich die Einladung Jesu ernst nehme, dass wir alle am „Reich Gottes" mitbauen dürfen, also an einer Welt, die von der grenzenlosen Liebe Gottes durchdrungen ist, dann kann ich gar nicht anders, als darauf zu hoffen, dass eine heilere, schönere, sanftere, freundlichere, liebenswürdigere Gesellschaft möglich ist. Dann wird das Hoffen zu einer Lebenshaltung, zu einer neugierigen Suche nach der Zukunft meiner Stadt, nach der Zukunft dieser Welt.

Manchmal treffe ich den inzwischen pensionierten Bürgermeister wieder. Und dann erinnern wir uns gerne an unser erstes Gespräch über die Parkverbotsschilder, das eine solche Hoffnungswelle ausgelöst hat. Das schließlich dazu geführt hat, dass ich derartige Gespräche inzwischen viel selbstbewusster angehe. Hoffnung sprengt Grenzen.

Fabian Vogt

Fabian Vogt, Jahrgang 1967, ist Schriftsteller, Theologe und Kabarettist („Duo Camillo"). Er arbeitet mit halber Stelle bei „midi – der Zukunftswerkstatt von Kirche und Diakonie" und als freischaffender Künstler. Mit seiner Frau lebt er in Berlin.

Foto: © Pietro Sutera

Ein Gebet für jede Lebenslage

Dieses Buch möchten wir gerne mit einem uralten Gebet abschließen. Manchmal, besonders in hoffnungslosen Situationen, fällt es schwer zu beten. Gott erscheint dann so unendlich fern. Da kann dieses Gebet helfen. Es einfach immer wieder stur zu beten, bewirkt etwas. Es ist die direkte Verbindung zum himmlischen Vater, der seinen Kindern immer zuhört, auch wenn ihnen die eigenen Worte fehlen. Du darfst es gerne gleich mal versuchen und dieses Gebet für dich sprechen:

Vater unser im Himmel,
geheiligt werde dein Name.
Dein Reich komme.
Dein Wille geschehe,
wie im Himmel so auf Erden.
Unser tägliches Brot gib uns heute.
Und vergib uns unsere Schuld,
wie auch wir vergeben unsern Schuldigern.
Und führe uns nicht in Versuchung,
sondern erlöse uns von dem Bösen.
Denn dein ist das Reich und die Kraft und die Herrlichkeit
in Ewigkeit. Amen.

Matthäus 6,9–13 (LUT)

Unser Dank

Wir möchten uns ganz herzlich bei all denen bedanken, die uns ihre ganz persönliche Hoffnungsgeschichte haben zukommen lassen. Wir fühlen uns dadurch reich gesegnet und freuen uns sehr, dass wir so wundervolle Geschichten-schreiber kennenlernen durften.

Vielen Dank auch an unsere Lektorin Ruth Harmsen, an Hanni Plato für das mega Cover und die Buchgestal-tung. Danke an Hannes Böhm und Johannes Leuchtmann, ihr habt tolle Ideen und wir mögen den Verlag Gerth Me-dien sehr. Es ist uns eine große Freude, mit euch zusammen Bücher erfinden und erschaffen zu dürfen.

Danke für euer Vertrauen in uns. Danke an einen gro-ßen Gott, der in allen unseren Büchern die Essenz bilden darf und soll.

„Ein Himmel voller Sonnenstrahlen" ist nun ein weite-rer Teil unsrer Serie: „Ein Himmel voller Segen" und „Ein Himmel voller Freiheit". Wir hoffen, dass noch viele Bücher in dieser Reihe folgen dürfen. Seid mit uns gespannt, wie dieses Abenteuer weitergeht!

Ihr könnt uns schreiben über Facebook oder Instagram. Ihr findet uns unter: einhimmelvollersegen

Herzlichst und danke für euer treues Lesen unserer Geschichten

Julia und Simone

Vom Beginn
der Hoffnung

Erst als der Mensch aus dem Paradies vertrieben wurde, war die Hoffnung geboren, denn vorher gab es nichts, was sich hätte bessern können.

   Dirk Küsgen